de A à Z

Auteur : Florence RAJON

Illustration de couverture : Loïc Sécheresse

Avec la collaboration d'Hervé Guilleminot

VANESSA PARADIS

de A à Z

LES GUIDES MUSIC BOOK

Également disponible dans la même collection

LES GUIDES MUSIC BOOK de A à Z

AVRIL LAVIGNE
BJÖRK
BLINK 182
BOB MARLEY
BRITNEY SPEARS
COLDPLAY
DEPECHE MODE
EMINEM
GEORGE MICHAEL
INDOCHINE
JEAN-JACQUES GOLDMAN
JOHNNY HALLYDAY
KORN
KYO
LINKIN PARK

LORIE
MARILYN MANSON
MYLÈNE FARMER
M-MATTHIEU CHÉDID
MUSE
NIRVANA
NOIR DÉSIR
PLACEBO
RENAUD
ROLLING STONES
SLIPKNOT
THE CURE
U2
VINCENT DELERM

VANESSA PARADIS

Remerciements à :
Hervé, pour ses précieux conseils.

VANESSA PARADIS, ITINÉRAIRE D'UNE ENFANT GÂTÉE

Qui aurait cru que la môme Paradis, celle qui, à quatorze ans, chantait " Joe le Taxi " allait devenir une star et une icône ? Cinéma, chanson, mode, elle côtoie depuis longtemps les plus grands, et rayonne aussi bien dans sa vie professionnelle que privée.

Fin 2004 : Vanessa Paradis est en couverture des magazines, invitée dans toutes les émissions de télé qui comptent, et présente sur les principales radios nationales. Pourquoi un tel battage médiatique ? À cause de la promotion d'un film, son septième. Le même déferlement s'était produit quelques mois plus tôt, en août 2004, pour son retour au cinéma dans *Atomik Circus*, une vraie série Z revendiquée comme telle, qui a fait « seulement » 300 000 entrées. Très peu, comparé à la couverture promotionnelle. Pourtant, c'est ainsi. Chaque actualité de Vanessa Paradis fait tomber des unes de magazines, des 20 heures et des « spéciales ». Elle fait vendre. Même lorsqu'elle n'a rien à « vendre ».

Comment une jeune fille, que la France a découverte à quatorze ans, a-t-elle réussi à s'imposer au plus haut niveau de la célébrité ? A-t-elle eu seulement de la chance ? Ou aussi du talent ? Est-elle arrivée au bon moment, quand les grands auteurs s'appelaient Gainsbourg et Roda-Gil ? A-t-elle eu plus d'ambition, de détermination et de pugnacité pour emporter le morceau ? De l'intelligence et du goût pour faire les bons choix et se tenir à l'écart des compromis faciles ? Vanessa Paradis soulève beaucoup de questions et surtout celle-ci : qu'a-t-elle de plus que les autres ? Ce livre est une tentative pour répondre à cette question…

« LA PETITE, IL FAUT L'APPELER VANESSA. C'EST LE NOM D'UN PAPILLON. UN JOUR, LA PETITE, ELLE S'ENVOLERA. »

Petite enfance

Vanessa Paradis, c'est son vrai nom, est née trois jours avant Noël, un 22 décembre 1972 à Saint-Maur-des-Fossés, dans la banlieue est de Paris. « Pendant deux jours, je suis restée sans prénom. C'est mon grand-père qui a trouvé. Il a foncé à la clinique, il a dit : " La petite, il faut l'appeler Vanessa. C'est le nom d'un papillon. Un jour, la petite, elle s'envolera. " » (*Journal du dimanche*, 29 janvier 1995). Sa mère Corinne a vingt ans et son père, André, vingt-six. Il possède une entreprise de décoration, elle tient la comptabilité. Ce couple complémentaire, issu de milieux très différents, est heureux et uni. Deux ans plus tard, la famille déménage pour s'éloigner encore un peu plus de Paris, et s'installe dans une maison confortable, avec un jardin « qui embaume le lilas » (*Elle*, décembre 2002), non loin de la Marne. L'enfance de Vanessa est heureuse, sans histoires. Elle est bonne élève, ses loisirs sont ceux d'une fillette de son âge : danse, dessin, peinture. Elle est choyée par ses parents, qui forment une bulle chaleureuse et protectrice. « Mes parents ont toujours été formidables, je les adore. Mon père est un homme très philosophe, qui ne voit jamais le mal chez les autres. Son bureau est une vraie caverne d'Ali Baba ; avec lui, j'y ai fait de l'aquarelle, du dessin. On a aussi beaucoup pêché à la ligne tous les deux » (*Elle*, décembre 2002).

La famille tout entière admire les comédies musicales américaines de Fred Astaire et Gene Kelly, et succombe à la magie du cinéma hollywoodien. Le couple emmène souvent la fillette lors de ses déplacements : vacances lointaines, dîners chez des amis ou dans des guinguettes en bord de Marne. Corinne Paradis a un frère, Didier Pain, acteur, qui emmène sa nièce, lorsqu'elle n'a pas école le lendemain, flairer l'ambiance des loges de théâtre ou des plateaux de cinéma. C'est lui qui œuvre pour exaucer son vœu de chanter à *L'École des fans*, émission phare des années quatre-vingt, présentée par Jacques Martin. C'est encore lui qui la présente à deux de ses copains, Franck Langolff, heureux compositeur de " Morgane de toi " de Renaud, et Étienne Roda-Gil, anarchiste et poète, auteur de nombreux titres pour Julien Clerc et Claude François. Contre toute attente, l'adolescente de treize ans copine avec ces adultes qui ne lui parlent pas comme à une enfant, et leur demande de lui écrire une chanson. C'est chose faite deux ans plus tard. En avril 1987 sort " Joe le Taxi ", l'histoire d'un chauffeur de taxi qui conduit en écoutant de la rumba et en sirotant du rhum ambré. Rien à voir avec son quotidien de bonne élève de troisième, mais elle s'approprie la chanson, et fera de même avec toutes celles qu'on lui proposera par la suite. " Joe le Taxi " se vend à plusieurs millions d'exemplaires, se classe même en tête des charts en Angleterre et la fait voyager dans le monde entier. Un premier album sort un an plus tard. Vanessa est en seconde, mais elle a déjà la tête ailleurs. Pendant un an, elle est à la fois lycéenne et millionnaire, même si elle n'a accès qu'à 20 % de sa fortune. Son premier album *M&J* sort dans la foulée. Tiraillée entre la promo et les cours, elle n'a plus vraiment le cœur à se consacrer aux études. Au grand dam de sa mère, elle arrête le lycée à seize ans révolus. Elle vient de rencontrer son premier amour, le chanteur

"Joe le taxi" se vend à plusieurs millions d'exemplaires, se classe en tête des charts anglais et la fait voyager dans le monde entier. Un premier album sort un an plus tard. Vanessa est à la fois lycéenne et déjà millionnaire.

et acteur Florent Pagny. Quelques mois plus tard, le couple emménage dans un grand duplex à Paris.

FIN 1991, VANESSA QUITTE FLORENT PAGNY ET S'ENVOLE POUR LES ÉTATS-UNIS ENREGISTRER UN ALBUM AVEC L'HOMME DU MOMENT, LENNY KRAVITZ.

L'année 1988 a donc été difficile pour la jeune fille. Il y a un vrai choc entre son statut de « pop star » et la réalité du lycée, le plus difficile étant d'affronter le regard envieux des autres élèves et des professeurs. Comme tous les tubes, " Joe le Taxi " finit par ressembler à une vieille rengaine à laquelle il est impossible d'échapper. Vanessa Paradis est partout, elle irrite, agace. En janvier de cette même année, elle est huée par la foule des professionnels au Midem de Cannes. Son ascension trop rapide, son succès trop flamboyant (et immérité ?) ont fini par peser. Mais plus intelligente que ce public qui la rejette, elle résiste et ne craque pas sous la pression. Du moins pas publiquement.

Il faut attendre l'année suivante, et son rôle dans *Noce blanche*, pour qu'elle trouve grâce aux yeux du public. Elle qui rêvait de cinéma dès le berceau a tourné sous la direction de Jean-Claude Brisseau. Le réalisateur a une réputation exécrable, le tournage vire souvent au drame, mais le film lui ouvre les portes du métier. Ça n'est pas *La Boum*, et même la bible des cinéphiles, *Les Cahiers du cinéma*, salue sa performance. Elle s'attire un autre public et d'autres talents. Gainsbourg lui écrit son second album, Jean-Paul Goude et Chanel lui offrent un ticket gagnant pour la planète mode et glamour. Pour que de telles personnalités s'intéressent à elle, c'est qu'elle doit avoir quelque chose…

La vapeur se renverse, Vanessa Paradis est enfin acceptée. La jeune fille qui en rajoutait dans son rôle de Lolita, très court-vêtue, dans des mini-robes taille 34 d'Azzedine Alaïa, n'aura eu besoin que de quelques années pour devenir un personnage incontournable. Fin 1991, elle quitte Florent Pagny et s'envole pour les États-Unis enregistrer un album avec l'homme du moment, Lenny Kravitz. La France était-elle soudain devenue trop petite pour elle ou bien Vanessa a-t-elle eu besoin d'une bouffée d'oxygène ? En tout cas, elle a envie de découvrir le monde, comme toute post-ado un tant soit peu émancipée. D'ailleurs, avec qui aurait-elle bien pu travailler ? Gainsbourg est parti l'hiver d'avant, Roda-Gil pleure sa compagne disparue…

Depp/Paradis, c'est un rêve de magazines féminins, un conte de fées moderne et rock'n'roll. Ils sont beaux, riches, heureux. Avec leurs deux enfants, Lily-Rose et Jack, le couple vit tranquillement sa vie bohème de luxe, entre Los Angeles et la France.

Avec trois albums derrière elle, Vanessa Paradis monte pour la première fois sur scène au printemps 1993. Elle a un peu présumé de ses forces et jette l'éponge avant la fin, amaigrie, exsangue, épuisée. Elle est dégoûtée du système et consacre les cinq années suivantes au cinéma : elle tourne d'abord *Elisa*, où elle accompagne le grand retour de Jean Becker à la réalisation (*L'Été meurtrier*, son dernier film, qui offrit à Isabelle Adjani son rôle le plus déluré, date de 1981) ; puis *Un amour de sorcière*, comédie familiale sans prétention, qui lui permet de travailler avec Jeanne Moreau, qu'elle admire. Avec *Une Chance sur deux*, elle tourne sous la direction de Patrice Leconte, avec Jean-Paul Belmondo et Alain Delon. Encore une fois le haut du panier… Ce qui n'empêche pas le dédain du public. Suit heureusement *La Fille sur le pont*, une histoire d'amour entre deux « oiseaux mazoutés », filmée en noir et blanc par le même Patrice Leconte.

Vanessa, qui clame depuis toujours son envie de faire des enfants, voit son vœu enfin exaucé. Le 27 mai 1999 naît Lily-Rose Melody,

fille de l'acteur américain Johnny Depp. Le couple s'est rencontré à peine un an plus tôt. Depp/Paradis, c'est un rêve de magazines féminins, un conte de fées moderne et rock'n'roll. Ils sont beaux, riches, heureux... « Les choses se passent de telle façon que, quoi qu'il arrive, elle parvient toujours au plus haut niveau. Même dans sa vie privée », confie son agent Marceline Lenoir à *L'Express*.
Depuis, ses disques (dont *Bliss*, le dernier en date) se vendent moins, ses films ne sont pas toujours à la hauteur de ce qu'elle pourrait donner, même si ses choix ont le mérite d'être risqués. Qu'importe. Les échecs ne peuvent plus vraiment l'atteindre. Après la naissance d'un deuxième enfant, Jack, en 2002, le couple vit tranquillement sa vie bohème de luxe, entre Los Angeles, l'arrière-pays varois, où il possède une maison, et la région parisienne où vivent les parents de Vanessa. Paradis est depuis longtemps une star, ne craint pas la concurrence, mais évite avec soin les sujets polémiques et n'affiche aucun esprit de compétition. À un auteur qui voulait l'entendre chanter un texte un brin ironique sur la chanson française, elle répondait : « C'est impossible. On va encore me tomber dessus et je ne suis qu'une petite blonde. »

Florence Rajon

A

ADMIRATEURS

Le rejet dont Vanessa Paradis a été l'objet à la fin des années quatre-vingt est au moins égal à la déclaration d'amour généralisée de la presse et du public depuis plusieurs années. La liste de ses fans célèbres est longue. C'est Canal+, la chaîne cryptée des cadres branchés qui a en tout cas réagit la première. En 1993, elle déclare : « Canal+ aime Vanessa » (voir Canal+, p. 23). C'est la première fois qu'une chaîne s'associe de la sorte à une vedette. Jean-Pierre Coffe, journaliste et animateur, se fend d'une déclaration dans *L'Express*, Doc Gyneco et Louis Bertignac chantent « Vanessa »… Les hommages pleuvent.

Pour beaucoup, elle est « une fée », une magicienne. Elle ne sait pas pourquoi elle attire ce genre de commentaires. Peut-être en raison de son physique, de sa candeur et de sa naïveté, qui ne s'effacent pas avec les ans. « Elle garde à la fois la fraîcheur et l'enthousiasme de l'enfance » (Bettina Reims, 1991). Elle fascine les femmes : « J'aime Vanessa. J'ai beaucoup d'affection pour elle à cause de ce qu'elle dégage. Elle mêle une fragilité certaine à une force de caractère qui l'a conduite à la place qu'elle occupe aujourd'hui. Elle est originale. Son physique est original. C'est un petit bout de femme, mais elle flotte au-dessus des autres. Et puis elle a une voix insensée » (Charlotte Gainsbourg, *Première*, juillet 2004). Les hommes l'adorent : « Vanessa est une icône, comme Brigitte Bardot en son temps. Elle reste présente malgré son absence. Elle a du mystère. Du charisme. Elle a de bonnes étoiles autour d'elle.

SUCCÈS

« FABRIQUÉE ? JE LAISSE À CHACUN LE SOIN DE LE PENSER. LORSQUE J'ARRIVE SUR UN PLATEAU DE TÉLÉVISION, JE SUIS NATURE, MÊME SI PARFOIS, JE SUIS UN PEU MAQUILLÉE. JE SUIS AINSI ET S'IL Y A DES GENS QUI NE M'AIMENT PAS, C'EST LEUR PROBLÈME. IL EST VRAI QUE RÉUSSIR À QUINZE ANS FAIT DES JALOUX. »

VANESSA PARADIS

J'aime son côté femme-enfant, sa douceur extrême » (Matthieu Chédid, *Première*, juillet 2004). Pourtant, quelques-uns résistent. Bayon, de *Libération* décrit « une plante de serre lilliputienne à tête d'animal, vaguement horripilante ». C'était en 1991. Il est aujourd'hui beaucoup moins évident de dire du mal de Vanessa Paradis… En tout cas elle ne laisse personne indifférent.

AMITIÉS

- Les années Pagny (1988-1992)

Après l'incident du Midem (voir Rejet, p. 89) en janvier 1988, Vanessa Paradis trouve réconfort auprès de la chanteuse Guesh Patti, qui a rencontré un énorme succès un an plus tôt avec " Étienne ", ainsi qu'auprès des « Rita » (Mitsouko), dont elle a repris « Les Histoires d'A », notamment fin 2004, pour célébrer les 20 ans de Canal+.

En entrant dans la vie de Florent Pagny, Vanessa adopte sa « bande » : « Des acteurs, des danseurs, des chanteurs, des mannequins. Ils vivent comme des artistes, même s'ils font un tout autre métier. Ce sont des copains de mode de vie. Le principe est que si l'un de nous s'en sort un peu, c'est à lui de casquer. Ceux qui ont de l'argent doivent payer » (Florent Pagny, *Ciné Revue*,

2 février 1989). Dans cette faune bigarrée, Vanessa croise le chorégraphe Redha (qui a longtemps orchestré les plateaux de l'émission de Michel Drucker *Champs-Élysées*), le pianiste Alain Lanty, Jean-Louis Aubert...

- Les années Lenny (1992-1996)

En quittant Florent Pagny, Vanessa Paradis fait aussi le vide autour d'elle. À New York et Los Angeles, elle fait de nouvelles rencontres: il y a les musiciens qui l'entourent, comme Lenny Kravitz et son cousin Gerry Devaux, mais aussi les Français expatriés, comme Jean Reno, dont elle dit: « Il m'attendrit énormément » (*Studio*, octobre 1996). Quelques femmes aussi, dont Clotilde Courau et Florence Thomassin, que Vanessa a rencontrées sur le tournage d'*Elisa*: « Comédienne, sculptrice, Florence Thomassin est forte, gaie, un poil dyslexique. Ses expressions me font tordre de rire. »

La chanteuse cultive aussi des amitiés au sein de la scène musicale française: Maxime Le Forestier, avec qui elle chante sur l'album *Chienne de vie* et pour le concert des Enfoirés de 1996, ou bien Louis Bertignac, l'ex-guitariste de Téléphone, qu'elle rejoint sur l'album *Elle et Louis*, et sur scène, en 1994, et qui a, comme elle, travaillé avec Étienne Roda-Gil.

- Les années Johnny (1998-aujourd'hui)

Ses amis se plaignent de ne plus la voir. La chanteuse et comédienne préfère aujourd'hui se consacrer à sa famille et passe beaucoup de temps à Los Angeles. Quand elle est en France, elle voit le coiffeur John Nollet, qu'elle a rencontré pendant le tournage de *La Fille sur le pont*, Étienne Daho, avec qui elle partage les services du manager Patrick Péan. Elle fréquente surtout le cercle de Johnny Depp: l'écrivain, peintre et photographe François-Marie Banier, l'acteur Pascal Greggory, l'écrivain Nick Tosches, les musiciens Marilyn Manson et Iggy Pop...

ATOMIK CIRCUS, LE FILM

Film de Didier et Thierry Poiraud paru en août 2003.

Absente des écrans depuis 1999 et *La Fille sur le pont*, Vanessa Paradis choisit, pour son grand retour, de revenir par la porte de service, en donnant sa chance au premier film des frères Poiraud, *Atomik Circus*. Les deux réalisateurs Didier et Thierry, respectivement trente-six et trente-trois ans, sont connus pour avoir réalisé entre autres, les publicités BNP ou celles d'Orangina, qui parodiaient les films d'horreur. Ils se sont construits un univers de séries Z, entre Ed Wood et Roger Corman, en passant par la science-fiction, le rock et la BD. « Ça vient de Nantes, de notre champ à Playmobil, derrière la maison de nos oncles, qui nous emmenaient tout petits voir *Alien* et *La Guerre des étoiles*. (...) James Bataille [un des personnages-clés du film], c'est une somme de genres cumulés, inspirée de tout ce qu'on aime regarder, des *Tontons flingueurs* aux *Blues Brothers*. »
Atomik Circus – impossible à résumer ! – raconte l'histoire d'une jeune chanteuse, Concia (Vanessa Paradis), qui vit dans un village reculé (et improbable !) et rêve d'un contrat discographique. Entrent dans le tableau son fiancé, James Bataille (Jason Flemming), retenu en prison, un impresario véreux, Alan Chiasse (Benoît Poelvoorde), des extraterrestres, Jean-Pierre Marielle... Un mélange de *nonsense* à l'anglaise et de culture rock.
Vanessa Paradis reçoit le scénario début 2002 et rappelle deux jours plus tard. « Elle a été la première à nous dire oui. Elle a d'abord tout vérifié, super pro, et puis elle s'est lancée sans hésiter. Je crois qu'elle voulait vraiment s'amuser. Et elle a été carrément adorable, elle maternait tout le monde, des acteurs à la régie... »
Le tournage est assez idyllique : « Les Poiraud sont entourés de leurs amis qui forment une vraie famille autour d'eux. On a tourné neuf semaines au Portugal et, dans ce petit village, on était hors du

monde. Imaginez une famille hors du monde. Alors quand je revois ce film, c'est un peu comme un film de vacances. Je reconnais la cabane où je somnolais entre les prises... Et puis il y avait la mer... La mer apaise la nature des gens. On se sentait tous vraiment heureux », racontait Benoît Poelvoorde à la fin du tournage. Seule ombre au tableau, la mort de Jean Yanne qui survient après quelques jours. « C'était bizarre. Faire notre premier film, notre première scène, aller pour la première fois voir les rushes et on apprend sa mort. C'était vraiment étrange. » Il est remplacé par Jean-Pierre Marielle, qui aurait dû donner la réplique à Vanessa Paradis dans *La Fille sur le pont*, quelques années plus tôt. Les seconds rôles sont savoureux, ainsi Benoît Poelvoorde, qui en fait des tonnes dans son rôle de « véreux magnifique qui vient buter les « rednecks » avec ses tentacules ! On lui a demandé de s'inspirer d'Ardisson pour incarner le pire du parisianisme qui débarque à la campagne. »

DÉBUTS

« PARFOIS, C'EST DUR À ASSUMER. JE VIS DANS DEUX MONDES À LA FOIS. CELUI DU SHOW BIZ ET DES ADULTES, QUI N'EST PAS TOUJOURS UN MILIEU FACILE. MAIS JE SUIS TRÈS PROTÉGÉE PAR MES PARENTS ET PUIS JE VAIS À L'ÉCOLE PUBLIQUE. AU DÉBUT, C'ÉTAIT DUR, ON ME REGARDAIT COMME UNE BÊTE CURIEUSE. »

VANESSA PARADIS

Malgré une campagne promotionnelle appuyée, le film ne dépassera pas les 300 000 spectateurs en salle. Plusieurs raisons à cet échec : le film en lui-même, assez déconcertant et une sortie en plein mois d'août, la plus mauvaise période pour la vie d'un film. Le film est sorti en DVD en mars 2005 chez TF1 Vidéo.

ATOMIK CIRCUS, L'ALBUM

Bande originale du film, composée par les Little Rabbits feat. Vanessa Paradis (2004)

CD: Gorilla – James Bataille – Ma pétroleuse – Moonshine Gal – Concia James – Dirty – Concia Chachacha – French Cow-Boy – La Cupa Lucia – Le Petit Vent du désert – La Mustang – Come To Me – Number One – Aliens Attack – Slow Down – Highway To Space

DVD : bande-annonce, interview de Vanessa Paradis, " Aliens with 2000 Assholes ", Clips des Little Rabbits : " L'Amour ", " Le Poste de radio "

Les frères Poiraud ont décidé de confier la bande-son d'*Atomik Circus* à leurs vieux amis de Nantes, les Little Rabbits. Vanessa Paradis interprète plusieurs titres du groupe, avec qui elle partage le même label. L'album emmène la chanteuse dans des territoires musicaux inexplorés : pop, rock, country, cha-cha-cha, new wave. Les Little Rabbits mélangent tous les genres en dosant savamment l'hommage et le second degré. « Vanessa a un timbre unique, identifiable entre tous. Nous avions échangé des démos entre Los Angeles et Nantes. Et nous nous sommes retrouvés balancés en studio. Elle est perfectionniste. Elle a le souci du détail. Elle discute beaucoup, mais n'impose rien », a raconté Olivier Champain du groupe The Little Rabbits au magazine *Première*, en juillet 2004. La bande originale du film a été nommée aux Victoires de la musique 2005.

B

BLISS, L'ALBUM

Quatrième album de Vanessa Paradis, sorti le 17 octobre 2000.

L'Eau et le Vin – Commando – When I Say – Pourtant – Que fait la vie ? – Les Acrobates – La La La Song – L'Air du temps – Saint-Germain – Dans mon café – Firmaman – La Ballade de Lily-Rose – Bliss

« Je me suis tenue, durant tout ce temps, à l'écart d'une machinerie qui m'avait épuisée. L'envie n'était plus là et le cinéma m'offrait une planque apaisante, sans pression ni responsabilité » *Libération,* 16 octobre 2000.

Huit ans après son dernier album studio, Vanessa Paradis enregistre *Bliss*, ce qui signifie en français « béatitude ». Soit l'état de la jeune femme après la naissance de Lily-Rose, au printemps 1999. La mélodie du bonheur ne quitte plus la chanteuse depuis qu'elle a rencontré l'acteur américain Johnny Depp, un soir de juin 1998. Elle est une femme amoureuse, une maman sereine, et veut retranscrire cette félicité dans un disque qu'elle envisage comme un album de famille... Son désir d'écrire des chansons remonte au milieu des années quatre-vingt-dix, mais le cinéma, puis la rencontre de Johnny Depp et sa grossesse l'ont écartée de ce projet qui mettra des années à mûrir.

VIE PRIVÉE

« LE PLUS IMPORTANT POUR MOI, C'EST DE RÉUSSIR MA VIE PRIVÉE. SI JE DEVAIS CHOISIR ENTRE MA CARRIÈRE ET MON AMOUR, JE CHOISIRAIS L'AMOUR. JE PLAQUERAIS TOUT POUR CELUI QUE J'AIME. »

VANESSA PARADIS

« Il y a cinq ans, j'avais écrit un petit bout de chanson, c'était laborieux, difficile. Puis j'ai passé des journées entières à chercher des accords, je les chantais dans ma tête, et je ne savais pas comment les reproduire. Le plaisir est d'avoir finalement réussi un truc insurmontable » (*Le Figaro*, 14 octobre 2000).

Affranchie de ses Pygmalion, Vanessa contrôle tout. « Je n'ai rien laissé faire sans y mettre mon grain de sel. Je voulais que cet album soit très personnel, et je ne voulais rien laisser passer. J'ai peut-être été chieuse mais au final, c'est mon disque. Il n'y a rien que moi qui puisse l'assumer. » Les collaborateurs sont nombreux. Il y a d'abord Matthieu Chédid, qu'elle avait contacté plusieurs années avant son succès ; Didier Golemanas (" L'Eau et le Vin "), auteur pour Pascal Obispo, entre autres ; Alain Bashung ; Franck Monnet, auteur et interprète affilié à la « nouvelle chanson française » ; le parrain des débuts, Franck Langolff, qui signe deux mélodies (" Commando " et " Dans mon café "), et même Johnny Depp qui cosigne les mélodies de " Saint-Germain " et " Bliss ". Même si elle considère les géants de la soul Curtis Mayfield et Marvin Gaye comme ses « Dieux », elle abandonne toute velléité « groove », à l'exception d'un titre, " La La La Song ", écrit avec le chanteur américain Gerry Devaux. Elle choisit le registre pop-rock, de préférence en français. En ouverture, " L'Eau et le Vin ", titre coécrit avec Bashung, avec ses cordes lourdes et capiteuses, lui offre un registre grave. Puis, après un interlude de scratches, " Commando " la ramène une dizaine d'années en arrière, lors-

qu'elle chantait " Tandem ". La suite s'adoucit : les ballades, chantées de sa voix fragile, parlent de sa fille (on peut même entendre ses gazouillis sur " Firmaman "), de son amoureux, de ses parents. Et confirment ce qu'on pensait déjà : c'est dans la douceur qu'elle est le plus séduisante.
Johnny Depp réalise la pochette du disque. On y voit son visage en gros plan et au naturel : « Je voulais me distancier des habituelles photos glamour des pochettes de disques. Celle-ci est très honnête. Elle me montre telle que je suis. C'est Johnny qui l'a prise et retouchée sur son ordinateur. L'effet " fuzzy " donne l'impression que mes sentiments et mes rêves sont gravés à l'intérieur » (*DS*, novembre 2000). Il signera deux vidéos de singles (" Pourtant " et " Que fait la vie "), extraits de l'album.
Le disque s'est moins bien vendu que ses trois premiers albums (il est seulement disque d'or), mais fut généralement bien reçu par la presse qui salua la sincérité de son travail.

BLISS, LA TOURNÉE

Huit ans après la tournée *Natural High* qui l'avait laissée exsangue, Vanessa Paradis retrouve la scène en 2001. Entre-temps, elle s'est ressourcée et a mis au point un itinéraire et un rythme de tournée plus reposants – quarante dates de moins que la tournée précédente. Sur scène, elle est accompagnée de sept musiciens dirigés par le pianiste d'Elvis Costello, le « magicien » (selon ses propres mots) Steve Nieve.
Au programme, une bonne partie de son dernier album *Bliss*, mais aussi des chansons de ses trois premiers disques : " Marilyn & John " version reggae, " Joe le Taxi ", " Dis-lui toi que je t'aime ", sans doute une des plus belles chansons de son répertoire, et " Tandem "... De son album avec Kravitz, elle ne sauve que " Sunday Mondays ". Elle reprend " Walk On The Wild Side " de Lou Reed, " This Will Be Our Year " des Zombies (merveilleux groupe des années soixante,

totalement éclipsé par les Beatles), et Gainsbourg bien sûr, avec " Requiem pour un con " et " L'Eau à la bouche ".
Sur scène, la sobriété est de mise. Les costumes ont été réalisés par le couple de stylistes E2 et mettent en valeur son image de « flower child » : longues tuniques en panne de velours, sa matière préférée. Un look de nomade chic qui lui va bien. Pas de mise en scène grandiose : des lumières simples, pas de choristes ; pour finir, elle interprète seule à la guitare " Les Acrobates ", qu'elle dédie à sa famille (voir *Vanessa Paradis au Zénith*, p. 99).

BRISSEAU (JEAN-CLAUDE),

Réalisateur français.
Né le 17 juillet 1944 dans une famille d'ouvriers, Jean-Claude Brisseau a enseigné pendant vingt ans dans des collèges de la banlieue parisienne. En 1975, il réalise un film amateur qui est repéré par un autre cinéaste « indépendant », Jacques Doillon. Poussé par ce dernier, il réalise plusieurs courts-métrages et se fait remarquer par la critique française. Il tourne *De bruit et de fureur* en 1988, film qui se distingue à Cannes et marque une génération de cinéphiles. Un an plus tard, il est prêt à tourner *Noce blanche*, une histoire d'amour entre un professeur (Bruno Cremer) et son élève. Charlotte Valandrey est choisie pour ce rôle, mais la productrice Margaret Ménégoz impose finalement Vanessa Paradis. Entre la Lolita du Top 50 et l'ours bourru, c'est le choc des cultures. Vanessa Paradis se souvient de sa première rencontre avec le réalisateur : « Je suis allée le chercher à la gare. J'ai trouvé un mec triste qui me dévisageait en m'envoyant vanne sur vanne. J'ai fait pareil. À la fin de l'entretien, il m'a dit : " Je suis ennuyé, vous me plaisez " » (*L'Express*, 3 novembre 1989).

Noce blanche est le plus gros succès de Jean-Claude Brisseau avec près d'un million d'entrées. Ses films suivants, souvent très bien reçus par la presse cinéphile, n'ont pas vraiment rencontré leur public. *Choses secrètes*, sorti en 2002 a été élu meilleur film de l'année par les *Cahiers du cinéma* (voir aussi *Noce blanche*, p. 78).

ARGENT

« NON, L'ARGENT NE M'A JAMAIS INTÉRESSÉE. C'EST DANS MA NATURE, MAIS J'AI TENU À FORTIFIER CETTE TENDANCE. COMME ÇA, LE JOUR OÙ JE N'EN AURAI PLUS, TOUT RESTERA PAREIL. »

VANESSA PARADIS

C

CANAL+

La chaîne à péage, lancée en 1984, décide de fêter ses dix ans en s'associant à Vanessa Paradis. « Canal+ aime Vanessa » est un formidable coup marketing qui lie la chaîne à la chanteuse. Les caméras la suivent pour l'enregistrement de son album aux États-Unis, dans sa tournée *Natural High*, que Canal+ sponsorise, et lors d'un concert privé enregistré spécialement pour la chaîne.

CHANEL

« Chanel, depuis Coco jusqu'à Karl Lagerfeld, c'est le nec plus ultra », a déclaré Vanessa Paradis. La célèbre maison de couture de la rue Cambon lui a proposé d'incarner la marque à deux reprises. En 1991, Jacques Helleu, directeur artistique de la maison, décide de rajeunir le parfum Coco, créé en 1984, auquel le mannequin maison, Inès de la Fressange, a jusqu'alors prêté son essence de Parisienne. Vanessa Paradis : « J'étais abasourdie. À mes yeux, j'étais la dernière personne à qui l'on pouvait proposer cela. » « C'était opérer un virage à 180 degrés, expliquait Jacques Helleu à *L'Express*. Il y avait une interrogation, c'est vrai, mais tout s'est terminé en sa faveur. » Le contrat, qui s'étend sur plusieurs années, lui rapportera environ trois millions de francs.
La publicité est confiée à Jean-Paul Goude, photographe alors tout auréolé par la réussite de ses chorégraphies et costumes des célébrations nationales du bicentenaire de la Révolution française.

PHYSIQUE

> « IL Y A PLEIN DE CHOSES QUE JE N'AIME PAS DANS MON PHYSIQUE. MAIS J'ACCEPTE CE QUE DIEU M'A DONNÉ. ET JE COMPENSE AVEC DU MAQUILLAGE ! J'ESPÈRE QUE JE RÉSISTERAI TOUJOURS À LA TENTATION DE MASQUER MON ÂGE. IL EST MAGNIFIQUE DE VOIR L'HISTOIRE D'UNE PERSONNE SUR SON VISAGE. »
>
> **VANESSA PARADIS**

Il se souvient de leur première rencontre : « J'ai rencontré Vanessa à un déjeuner organisé par Chanel. Elle est très mûre pour son âge, au moins dans un sens professionnel. Il est évident qu'elle a accepté Chanel pour être célèbre dans le monde entier. J'aime beaucoup Vanessa, mais je la trouve un peu froide. Elle manque de la chaleur d'une jeune fille de dix-huit ans, même si elle fait beaucoup d'efforts pour montrer qu'elle est une vraie personne. Je crois que c'est la personnalité la plus excitante depuis Bardot, mais sans qu'elles aient beaucoup de choses en commun. Vanessa est beaucoup plus complexe. »

Le décor est installé dans un entrepôt de l'armée. Vanessa, qui incarne l'oiseau rare Chanel doit suivre trois semaines de cours de trapèze à l'école du cirque évolue dans une cage dorée, habillée de collants résilles, d'un justaucorps et d'une majestueuse croupe de plumes, noirs. À l'extérieur, un gros matou blanc et racé la regarde avec convoitise. La caméra recule et montre l'oiseau et le chat, dans l'appartement de Mademoiselle Chanel, au Ritz, sur l'air de " Stormy Weather ". Une superbe réalisation qui est aussi un clin d'œil « bédé ». « Au premier regard, j'ai trouvé qu'elle était le portrait craché de Titi, le petit oiseau de *Titi et Grosminet*, la bande dessinée de mon enfance. En la regardant, je l'ai vue siffler, chanter comme un petit piaf et je l'ai mêlée à la tradition du music-hall français : des plumes, des cages dorées, Mistinguett, Joséphine Baker… Je ne suis peut-être pas allé assez loin avec elle. Mais

avait-elle envie que je fasse d'elle un ravissant petit merle ou même, avec son grand front et son petit nez, l'archétype de la Parisienne selon Doisneau ou Prévert ? Ce dont je suis sûr, c'est que c'est l'esprit de Gabrielle Chanel qui vit à travers ce petit oiseau de Paradis », a déclaré Jean-Paul Goude (*Figaro Madame*, 12 octobre 1991). Quelques Anglaises, féministes zélées, viendront dénoncer l'abus machiste de la marque qui met les femmes en cage, mais la polémique retombe comme un soufflé. La pub est vraiment une réussite... La campagne s'exporte aux États-Unis et fait de la chanteuse une star internationale. Ironie, c'est Kate Moss, l'ex-fiancée de Johnny Depp, qui incarnera le parfum Coco, puis Coco Mademoiselle, au début des années 2000.
Dix ans plus tard, c'est encore Vanessa Paradis qui fait une grâce à Chanel en apportant sa crédibilité « cool et rock » à la maison de couture. Karl Lagerfeld, le directeur artistique, décide d'en faire l'ambassadrice de la ligne de sacs Cambon, inspirée par les cuirs matelassés inventés par Gabrielle Chanel en 1955. Lagerfeld signe lui-même les photographies de la campagne. Chic et rock, la jeune femme a le visage grave et l'allure distinguée, simplement vêtue d'un jean sans âge et d'une veste Chanel noire. L'élégance intemporelle de la Parisienne fait le tour du monde.

D

DEPP (JOHNNY)

Johnny Depp est non seulement l'un des acteurs les plus doués de sa génération, mais aussi un sex-symbol à la Marlon Brando… « C'est rare de trouver un aussi bel homme avec ces capacités », dit de lui le réalisateur Roman Polanski.
En juin 1998, alors qu'elle vient d'achever le tournage de *La Fille sur le pont*, Vanessa Paradis retrouve l'acteur à Paris qui tourne *La Neuvième Porte* sous la direction de Roman Polanski. « En 1994, nous nous étions croisés chez des amis communs. Il m'a marquée dès cette première rencontre. Pendant mes années de solitude, il n'a jamais quitté mes pensées. Et puis, en 1998, on s'est (re)trouvés. On a décidé de faire notre vie ensemble, et un bébé trois mois plus tard » (*DS*, novembre 2000). La jeune femme avait même passé une audition pour un rôle dans le film de Polanski, sans succès. Entre ces deux artistes, que beaucoup de choses rapprochent, naît une passionnelle histoire d'amour.
John Christopher Depp II, né le 9 juin 1963, dans une minuscule ville du Kentucky, est le quatrième et dernier enfant de la famille Depp qui compte déjà deux filles : Christie (qui est aujourd'hui son manager) et Debbie, ainsi qu'un garçon, Danny. Son père est ingénieur, sa mère, Betty Sue, serveuse. Du sang cherokee coule dans ses veines. « Ma grand-mère est morte à cent deux ans. Elle chiquait du tabac jusqu'à sa mort. » D'elle, il a hérité ses pommettes saillantes et ses prunelles noires. Johnny Depp se fera tatouer

le visage d'un Indien sur le bras droit à l'âge de dix-sept ans. Quand il a cinq ans, ses parents s'installent à Miramar, en Floride. Sa famille déménagera souvent : « J'ai dû connaître une trentaine de maisons différentes. Nous allions de quartier en quartier. Parfois même, d'une maison à la maison voisine. Je ne sais même pas pourquoi. Encore aujourd'hui, quand je dois faire mes valises, ça réveille en moi un traumatisme. » Ses parents divorcent en 1978. À la rupture, sa mère sombre dans une profonde dépression. « J'ai grandi en pensant qu'il y avait cette intensité, cette violence, cette dureté... C'était très dur, pour tous les gosses. Nous avons grandi avec le sentiment, chaque jour, que quelque chose allait exploser. Donc, dans un sens, quand mes parents se sont séparés, ça a été un soulagement. Mais en même temps, quelque chose était perdu à jamais. Innocence, enfance... Tout était fini. » Mais il se rapproche de sa mère, « sa meilleure amie », et se fait tatouer son prénom, Betty Sue, sur le bras gauche.
À seize ans, il quitte le lycée et s'installe en Californie avec son groupe, The Kids, où il joue comme guitariste lead. « Je suis certain de m'être arrêté à dix-sept ans. J'étais vraiment heureux en ce temps-là. Je jouais dans un groupe, je lisais des livres que je n'avais pas voulu lire à l'école, il y avait des filles. Je pense être resté coincé dans cette époque-là », confiait-il en 1993 au magazine américain *GQ*. Le groupe assure les premières parties d'Iggy Pop, The Pretenders, The Ramones, Talking Heads... À vingt ans, il épouse Lori Allison, une maquilleuse de cinq ans son aînée. Lori est aussi l'ex-amie de Nicolas Cage, le neveu de Francis Ford Coppola. Ce dernier propose à Johnny Depp, qui a besoin d'argent, de le présenter à son agent. Ledit agent l'envoie à l'audition menée par Wes Craven pour *Freddy*. Johnny Depp se présente, donne la réplique à Jessica, la fille du réalisateur et décroche l'un des premiers rôles de *Nightmare On Elm Street* (*Les Griffes de la nuit*), film d'horreur de seconde zone, destiné aux adolescents, qui devient avec les années une série culte. Quant à Wes Craven, il a connu la

ENTENTE

« JOHNNY POSSÉDAIT DES BASES SOLIDES DANS LA VIE. JE NE LUI AI PAS APPORTÉ BEAUCOUP SUR CE POINT. J'AI TENTÉ AU DÉPART D'ÊTRE UNE AMIE SINCÈRE. COMME UNE AMIE À QUI VOUS POUVEZ TOUT DIRE, MAIS QUI NE DIT PAS "AMEN" À TOUT CE QUE VOUS DITES... ET SURTOUT, UNE AMIE QUI NE MENT PAS. »

VANESSA PARADIS

consécration avec *Scream* à la fin des années quatre-vingt-dix. Johnny Depp enchaîne avec *Private Resort* et *Slow Burn* ; il tourne aussi dans *Platoon* d'Oliver Stone, mais sa scène est coupée au montage. S'il continue de vouloir, avec la même intensité, vivre de la musique, c'est le cinéma et la télévision qui apportent à Johnny Depp de quoi vivre. Son groupe splitte et le musicien accepte le rôle de jeune flic chargé d'infiltrer et d'enquêter dans les lycées, pour la série *21 Jump Street*. Lancée par Fox TV en 1987, la série dure trois ans, et fera de lui une star. Pas dans le sens où il l'entend. Johnny Depp, qui porte Marlon Brando aux nues, ne rêve que de rôles intenses et marquants.

Sa vie privée connaît les mêmes déconvenues. Il divorce de Lori après quelques mois de mariage. Johnny Depp tombe amoureux souvent, mais jamais longtemps. On le verra successivement avec les actrices Sherilyn Fenn, Jennifer Grey, pour finalement se fiancer avec Winona Ryder – et se faire tatouer « Winona for ever », avant de le transformer, après rupture, en « Wino for ever » (« alcoolo pour toujours ! »). Enfin, il vit avec le mannequin anglais Kate Moss de 1994 à 1997… C'est le début d'une relation passionnelle avec la presse à scandale. Johnny Depp est un bon client : il sort avec de très belles femmes, et se laisse aller à quelques coups de sang dont les paparazzis raffolent. Toujours passionné de musique, il achète une salle de concert sur Sunset Strip à Los Angeles, l'ancien club du célèbre mafieux Lucky Luciano dans les années trente. Le club, qui a accueilli les jazzmen John Coltrane, Charlie Parker…, est rebaptisé le Viper Room. Il en partage la gérance

AMIS

« POUR MOI, LES AMIS SONT TRÈS IMPORTANTS. J'AI UNE BANDE D'AMIS À LAQUELLE JE SUIS FIDÈLE. ILS FORMENT MON ÉCOLE. ILS M'APPRENNENT LA VIE, MÊME S'ILS SONT BEAUCOUP PLUS ÂGÉS QUE MOI. »

VANESSA PARADIS

avec Chuck E. Weiss, le guitariste célébré par Ricky Lee Jones dans sa chanson "Chuck E's In Love". Le club sera le théâtre d'une tragédie, puisque son ami, l'acteur River Phoenix, y meurt d'une overdose, un soir de 1993. Fasciné par les fantômes d'Hollywood, il rachète, deux ans plus tard, l'incroyable manoir gothique où Bela Lugosi, célèbre « Dracula » dans les années trente, et ami de Ed Wood, vécut. Professionnellement, tout s'arrange. Johnny Depp rencontre John Waters, réalisateur trash, auto-sacré « roi du mauvais goût » avec des films comme *Hair Spray*, mais surtout Tim Burton, pour avoir enfin la reconnaissance de ses pairs. Le premier décide d'employer cette « belle gueule » pour incarner le *bad boy* dans son film *Cry Baby*. L'acteur joue de son statut d'idole des jeunes et détruit consciencieusement cette image. Le second, qui a réalisé *Batman* et *Beetlejuice*, lui offre avec *Edward aux mains d'argent* une chance extraordinaire : changer enfin d'image. Le film, poétique, lui permet d'exprimer pleinement sa personnalité complexe et son attirance pour la marge et le bizarre. Le cinéma devient une entreprise sérieuse, un véritable travail dans lequel il s'investit. Appliquant les méthodes de l'Actor's Studio, il met beaucoup de lui dans ses compositions, quitte à y perdre son identité. Johnny Depp tourne ensuite dans *Arizona Dream* d'Emir Kusturica, *Benny & Joon* de Jeremiah S. Chechik, et devient l'un des acteurs préférés du cinéma indépendant américain : Tim Burton, qui en fait son acteur fétiche (ils ont tourné quatre films ensemble), Jim Jarmush (*Dead Man*), Terry Gilliam (ex-Monty Python, qui réalise *Las Vegas Parano*)… Johnny

Depp passe derrière la caméra en 1997 et réalise *The Brave*. Basé sur le livre de Gregory McDonald, il raconte l'histoire d'un *native American* qui vit dans le plus grand dénuement, à la frontière du Mexique, et décide de se sacrifier pour sauver sa famille. Le film est présenté à Cannes, mais mal reçu par la critique. Car en dépit d'une empathie sincère pour les Indiens et les marginaux, Johnny Depp manque d'expérience pour être à la fois devant et derrière la caméra.
Cette même année, il rompt avec Kate Moss au terme de quatre années tumultueuses. Un an plus tard, il tourne à Paris *La Neuvième Porte* sous la direction de Roman Polanski. Un soir d'été, il fait la connaissance de Vanessa Paradis. Si elle ne l'avait pas vraiment marquée lors de leur première rencontre en 1994, cette fois-ci, le coup de foudre est immédiat. La jeune femme est depuis longtemps fascinée par ses allures de poète, étrange et lunaire, bohème et rock. On peut difficilement imaginer qu'elle ne puisse pas être conquise par cet acteur américain doué, à la filmographie originale. Johnny Depp se passionne pour les auteurs de la beat generation, dont Jack Kerouac, au point d'avoir racheté sa valise et quelques-uns de ses vêtements ; il collectionne les insectes naturalisés et considère son corps comme un journal intime qu'il marque à chaque étape importante de son existence (tatouages etc.). Ce qui l'attire chez la jeune femme : « D'abord sa beauté, puis son incroyable tendresse. »
La presse américaine adore dire de Vanessa Paradis qu'elle a « dompté » son *bad boy*. « Johnny a la personnalité d'un hors-la-loi. Il s'identifie avec ce qu'il lit, les films qu'il fait. Il ne triche pas », disait de lui l'écrivain Hunter S.Thompson, dont il revêtit l'identité dans *Las Vegas Parano*. Leur histoire fonctionne, car le couple est complémentaire : il la fait rêver, elle apaise ses doutes et ses peurs. « Je sais que quand mon amoureux est nerveux ou insupportable, je dois le calmer. Mais ce n'est pas moi qui contrôle tout. On échange les rôles (...) Johnny n'a besoin que d'une étincelle pour exploser. Mais il peut être aussi très calme. Il peut contrôler ses

MATURITÉ

« JE SUIS RESPONSABLE DEPUIS LONGTEMPS. AU DÉBUT DE MA CARRIÈRE, MA MÈRE M'ACCOMPAGNAIT DANS MES DÉPLACEMENTS, SUR LES PLATEAUX TÉLÉ. TRÈS VITE, JE LUI AI DEMANDÉ DE NE PLUS LE FAIRE. NON PAS QU'IL Y AIT EU DES PROBLÈMES AVEC ELLE, MAIS JE VOULAIS QUE LES CHOSES M'ARRIVENT… À MOI. »

VANESSA PARADIS

démons. Et dans ces cas-là il est plus calme que moi. »

Le couple s'installe dans un appartement de Montmartre en attendant la venue au monde de leur premier enfant. Lily-Rose naît le 27 mai 1999 à l'Hôpital américain de Neuilly. « Quand Lily-Rose est arrivée, c'était comme, boum ! Comme si tu heurtais le pavé. Ah, c'est donc pour ça, c'est pour elle tout ça », dira Johnny Depp, qui avouera avoir vécu trente-six ans dans le brouillard, et vivre sa paternité comme une renaissance. « Il est comme un frère pour cette enfant. Il est une sorte d'enfant. Vanessa est la meneuse dans cette relation. Elle est très forte. Elle a grandi très vite. C'est pour cette raison qu'ils sont si bien ensemble. Il est le poète et elle assure. Ils se complètent à merveille », dit son ami Pascal Greggory. Ils achètent aussi une maison dans le sud de la France, non loin de Saint-Tropez. Trois ans plus tard, le couple donne naissance à un garçon, Jack, né le 10 avril 2002.

Cette rencontre a propulsé Vanessa dans un univers qui la fascine depuis toujours. Elle qui a grandi avec les images de Marilyn Monroe et James Dean, est fascinée par Hollywood. Elle donne ses interviews au Château Marmont, où ont séjourné les plus grandes stars, depuis les années trente. Et même si la magie a laissé place à une industrie féroce, les beaux restes du mythe américain font encore rêver la Française.

Vies personnelle et professionnelle épanouies, peut-on tout avoir ? La réponse semble être « oui ». Après quelques projets très décevants (*Chocolat*, *Intrusion*), Johnny Depp tourne dans des films, qui, curieusement, le ramènent à l'enfance : *Pirate des Caraïbes* – rôle pour lequel il s'est inspiré de son ami Keith Richards – et qui lui offre sa première nomination aux Oscars, puis *Finding Neverland*, biographie romancée de l'auteur de Peter Pan, James M. Barrie, ou encore *Charlie et la Chocolaterie* de Tim Burton, adaptation d'un classique de la littérature pour enfant. Quand son métier lui en laisse le temps, l'acteur peint, collectionne meubles et peintures du début du vingtième siècle. Il s'adapte au rythme provençal paisible, il boit des cafés aux terrasses de troquets du sud de la France, joue même à la pétanque, lit intensément et prépare des barbecues. Et il lui arrive même de gratouiller encore sa guitare.

« Je ne sais pas si je serai complètement apaisé un jour, mais ma fiancée et moi avons fait naître Lily-Rose autant qu'elle nous a fait naître. Elle nous a donné la chance de pouvoir respirer différemment. C'est un cadeau à la fois énorme et magnifique » (*The Express Saturday Magazine*, du 11au 18 septembre 1999).

E

ELISA

Film de Jean Becker sorti en 1994.

Douze ans après son dernier film, *L'Été meurtrier*, Jean Becker (après un détour par la publicité) décide de revenir au cinéma avec *Elisa*, l'histoire d'une jeune fille à la recherche de son père, interprété par Gérard Depardieu. Fils de Jacques Becker (le réalisateur de *Casque d'or*, entre autres), il commence sa carrière en étant assistant de son père, puis signe au début des années soixante quelques films policiers avec Jean-Paul Belmondo (*La Rocca*, *Tendre Voyou*). Après un essai de comédie (*Pas de caviar pour tante Olga*), Jean Becker cesse de tourner pendant près de vingt ans. Il revient avec *L'Été meurtrier* qui a pour vedette Adjani… puis se réfugie dans un nouveau silence qui durera huit ans. Depuis *Elisa*, Becker a tourné *Les Enfants du marais* et *Effroyables Jardins* avec ses acteurs fétiches, André Dussolier et Jacques Villeret. En 1993, Didier Pain présente sa nièce au producteur Christian Fechner. Ce dernier espère faire revenir Becker au cinéma et pense que Vanessa pourrait lui rendre son envie de raconter des histoires. Fechner rend donc visite à Vanessa Paradis pendant sa tournée *Natural High*. Il découvre une jeune fille épuisée et très seule… « Son côté chef de bande couillu m'a impressionné. » Après deux rencontres new-yorkaises plus fructueuses, le réalisateur se met à l'écriture, une photo de la jeune femme sous les yeux.

Vanessa Paradis n'a pas tourné depuis sept ans. Pour elle, il imagine Marie, ce personnage déboussolé, à la recherche d'un père qu'elle n'a

JEUNESSE

« PERSONNE NE M'A VOLÉ MON ADOLESCENCE. OU ALORS MOI ET MOI SEULE, PARCE QUE J'AI TOUJOURS PRIS MES DÉCISIONS SEULE. ON NE M'A JAMAIS POUSSÉE (...) MON ADOLESCENCE A ÉTÉ À L'IMAGE DE TOUTES LES ADOLESCENCES. ET SI ELLE A ÉTÉ UN PEU PERTURBÉE, JE N'AI PAS LE DROIT DE M'EN PLAINDRE. »

VANESSA PARADIS

jamais connu. Et quand elle le trouve enfin, elle ne sait plus si elle veut le séduire ou le tuer. « *Elisa* m'a emballée, raconte l'actrice. D'accord, Marie reste une Lolita de dix-sept ans, mais son drame est fort. C'est une emmerdeuse, une méchante, une « faiseuse » de mal, une dure en apparence qui a ses raisons, même si elle n'a pas raison (…) J'ai interprété ce mal d'être à travers mes propres douleurs. » Le caractère commun entre le personnage de Marie, celui de Mathilde (*Noce blanche*) et Vanessa ? « Le jusqu'au-boutisme. Le caractère entier. Je n'entreprends jamais les choses à moitié. Je veux connaître la fin, rejeter les remords, quitte à assumer les regrets. »

Le tournage – idyllique – débute à l'île de Sein pendant l'été 1994. Gérard Depardieu dira d'elle : « J'ai été surpris de la force avec laquelle elle se donnait. Elle a tout ce qu'il faut pour devenir une grande actrice. »

Le film confirme son talent de comédienne, mais le rôle de Depardieu, affrontant vents et marées, aurait mérité un traitement moins brut. Une autre comédienne tire son épingle du jeu, c'est Clotilde Courau, dont le naturel et la spontanéité éclatent au grand jour. Une amitié se noue entre les deux jeunes femmes le temps du film et de la promo… Vanessa rencontre aussi Florence Thomassin, actrice et sculptrice, qui devient elle aussi une grande amie et qu'elle continue à voir, lorsqu'elle vient à Paris.

Elisa n'est néanmoins pas le film qui fait « grandir » l'actrice, encore enfermée dans un son rôle de Lolita. Dédié à Serge Gainsbourg, il utilise au générique la célèbre chanson éponyme du musicien.

ENFANTS

Trois mois après sa rencontre avec Johnny Depp, Vanessa Paradis apprend qu'elle est enceinte. Lily-Rose Melody Depp naît le 27 mai 1999 à 20 h 25 à l'Hôpital américain de Neuilly, pèse un peu plus de trois kilos et vient au monde sans péridurale. « Un enfant, ça change tout en mieux. Vous n'êtes plus un couple, vous ne vous regardez plus en face à face, mais vous regardez ensemble un bébé. Il y a un pli à prendre, il faut mettre de côté son égoïsme, d'autant que, les premiers mois, on ne dort pas, on n'arrête pas une seconde. Quand on devient maman et papa, on est obligé d'être un poil meilleur. Quand on est fatigué, de mauvaise humeur, qu'on a mal au dos, il faut oublier et donner à manger. C'est facile, parce que, même quand on a un cafard monstre, il suffit de regarder pousser son enfant pour que ça passe » (*Elle*, 9 octobre 2000).
Trois ans plus tard, le couple accueille Jack, né le 10 avril 2002, toujours à l'hôpital américain de Neuilly.
« Jack est un enfant très solide, un vrai petit dur qui fonce comme un bolide. Il touche tout, casse tout, court sans s'arrêter, tombe et pleure. C'est drôle, parfois, j'ai l'impression qu'il est un peu ivre » (Johnny Depp, *Hello*, 29 juillet 2003).

ENGAGEMENT

Fidèle et généreuse, Vanessa s'est engagée dès 1994, en devenant la marraine, aux côtés du journaliste Patrick Chêne, de l'association Rêves, dont le but est d'exaucer les souhaits d'enfants malades.

AMBITION

« JE NE SUIS PAS VRAIMENT UNE PERSONNE AMBITIEUSE. JE NE SUIS PAS UNE "CAREER GIRL". J'AI FAIT CINQ FILMS ASSEZ COHÉRENTS, EN REFUSANT BEAUCOUP D'OFFRES. ET JE NE REGRETTE AUCUNE DE MES DÉCISIONS. »

VANESSA PARADIS

Elle s'est aussi beaucoup investie dans les Restos du cœur. Trop jeune pour avoir bien connu Coluche, le fondateur décédé en juin 1986, elle participe trois ans plus tard au concert des Enfoirés, avec Florent Pagny, Jean-Jacques Goldman et Renaud. Elle a, depuis, le plus souvent possible participé aux concerts de soutien, faisant même une rare apparition publique en 1999, alors enceinte de plusieurs mois.

Elle se mobilise également en faveur de la recherche contre le Sida. En 2004, elle a participé à Sol en si, un projet initié par Line Renaud, en interprétant une chanson de Pascal Obispo : " Y'a pas un homme ". Le clip réunit une soixantaine de personnalités du monde artistique : Pagny, Calogero et Obispo (tous trois interprètent la chanson), mais aussi Catherine Deneuve, Isabelle Adjani, Charlotte Gainsbourg et Yvan Attal, Sylvie Testud, Sandrine Kiberlain, Julie Depardieu…

ENTOURAGE

Vanessa Paradis avance en groupe. Un mur de protection l'entoure et fait front contre les indiscrétions. Pendant les huit premières années, elle est très protégée par son oncle et manager, Didier Pain (voir p. 86) qui l'accompagne dans le monde entier. Au milieu des années quatre-vingt-dix, il prend sa retraite et se voit remplacé par le manager d'Étienne Daho, Patrick Péan.

Vanessa Paradis est une fidèle qui croit à la famille, celle du sang et celle du cœur. Marceline Lenoir est une figure incontournable du cinéma dans les années soixante-dix et quatre-vingt qui a aussi été l'agent de Florent Pagny. Elle représente également les comédiens Jacques Dufilho et Dominique Paturel, mais aussi des techniciens et des réalisateurs. « Quand j'ai rencontré Marceline Lenoir, ça a été le coup de foudre d'une gamine de treize ans et demi et d'une dame de soixante ans qui est devenue très vite mon agent et mon amie » (*Première*, avril 1994). Sans oublier le producteur Christian Fechner qui aura financé quatre de ses films.
Autre pilier de son entourage, sa mère, Corinne, l'accompagne très fréquemment sur les plateaux de cinéma et dans les émissions de télévision. Elle s'occupe aussi de sa comptabilité (voir aussi Amitiés, p. 12).

F

FAMILLE

Vanessa Paradis grandit dans un milieu d'adultes, passionnés de cinéma. Corinne, sa mère est une petite brune, qui a vingt ans quand sa fille aînée vient au monde. Elle est élevée dans un milieu bourgeois, son père est médecin et sa mère s'occupe des enfants et de la maison. Brillante élève, elle obtient son bac avec 19 de moyenne… « Maman est ma meilleure amie. Elle me connaît par cœur. À ma façon de lui dire bonjour, elle sait si je vais bien ou mal. Quand je me sens débordée, elle a toujours le mot qu'il faut, elle est intelligente, rassurante, tout le monde recherche sa présence, ses conseils, c'est mon modèle de femme. J'aimerais aussi parler de Nany, ma grand-mère aux yeux verts, chez qui j'allais tous les mardis soirs, après l'école. Elle m'apprenait le jardinage, le patin à glace... Elle me donnait même des cours de ski ! » (*Elle*, décembre 2002)

« On est de plus en plus proches. Maman ne me voit pas comme une star. Elle sait bien ce qui m'arrive, mais elle me dit : " De toute façon, tu seras toujours mon bébé. " Et quand j'aurai quarante ans, elle me dira la même chose ! Elle me donne des conseils, mais elle respecte ma vie et mes décisions. Quand je pars, on a la larme à l'œil toutes les deux, mais elle sait que c'est la vie que j'aime, alors elle me laisse partir » (*Elle*, 31 août 1992). Très présente depuis le début de sa carrière, Corinne s'occupe de ses finances, l'accompagne souvent sur les tournages et garde les enfants.

ART

« J'ADORE KLIMT. C'EST UN GÉNIE DU PINCEAU, UN MÉLANGEUR DE COULEURS. JE SUIS FOLLE DES DÉTAILS DE SES PEINTURES. J'ADORE L'ART NOUVEAU ET L'ART DÉCO. NOUS AIMONS EN ACHETER SUR INTERNET, COMME RÉCEMMENT UNE LAMPE, MI-ART NOUVEAU, MI-ART DÉCO. »

VANESSA PARADIS

Son père, André, est l'aîné de cinq enfants. Son père était ouvrier chez Renault à Boulogne. Il a arrêté l'école à quatorze ans, puis exercé nombre de petits boulots (laveur de vitres, employé dans un garage, peintre d'enseignes) avant de monter son entreprise et de vivre confortablement de son invention : la fausse poutre en polyuréthanne (une imitation du bois). Il devient ensuite décorateur d'intérieur, à la tête de sa propre entreprise. Corinne l'aide à gérer la comptabilité de l'entreprise familiale. Les parents emmènent leur fille à chacune de leurs sorties. Qu'ils aillent au restaurant ou chez des amis. « J'ai eu des parents incroyables. J'espère pouvoir élever mes enfants de la même façon. Chez nous, il n'y avait pas de sujets tabous. Habituellement, quand les parents sont avec des amis, ils changent de sujet quand les enfants entrent dans la pièce. Ou alors ils les envoient au lit. Ça ne s'est jamais passé comme ça chez nous. Quand mes parents abordaient des sujets comme la drogue, le sexe, ou la violence, par exemple, on en parlait ensemble » (*Télé 7 Jours*, 1989).

Alors que la plupart des filles veulent éviter de trop ressembler à leur mère, Vanessa Paradis ne renie pas du tout sa filiation. Après une crise d'adolescence vers l'âge de quatorze-quinze ans – son père lui interdit d'aller chanter " Joe le Taxi " à Londres parce qu'elle a cours le lendemain – elle n'oublie pas de remercier ses parents et d'apprécier le modèle maternel. En 1984, Vanessa accueille une petite sœur, Alysson. **«** Jusqu'à onze ans, j'étais fille

unique. Et alors, la naissance de ma petite sœur a été un immense bonheur. La nuit, je la " volais " dans son berceau pour la prendre dans mon lit et la câliner. Je la changeais, je la gardais dans ma chambre en faisant mes devoirs. Dès que j'ai vécu seule, vers l'âge de seize ans, Maman me la confiait le week-end. On lui a fait beaucoup de mal, parce qu'elle est ma sœur, mais elle m'a toujours beaucoup défendue. Elle est forte et intelligente, elle ne laisse personne indifférent. Elle veut être comédienne, elle a tout pour réussir. Je lui demande souvent conseil, j'ai confiance en son goût, son instinct » (*Elle*, décembre 2002).
Elle n'est désormais plus seule, mais est déjà trop grande pour jouer avec cette petite fille qu'elle va défendre becs et ongles. « Ma merveilleuse sœur est aussi comédienne. Elle n'a pas du tout besoin de moi et on ferait bien de lui lâcher les baskets, parce qu'elle est une personne à part entière et pas " la sœur de... ". »
Alysson Paradis, née le 29 mai 1984, a choisi de devenir comédienne. Elle a débuté au cinéma en 2004 dans *Le Dernier Jour* de Rodolphe Marconi aux côtés de Nicole Garcia. À vingt ans, la benjamine de la famille Paradis, semble avoir autant de volonté que son illustre sœur : pour pouvoir se payer les services de son coach Hélène Cheruy, Alysson travaille comme simple serveuse dans un restaurant parisien.
Vanessa Paradis a offert à son clan la chanson " Les Acrobates " sur *Bliss* : 'Ils savent tout ce qui m'apaise et du reste / Veillent au juste équilibre en moi (...) Quand j'oublie comme je m'appelle et le reste / C'est vers vous que je guide mes pas.'

FILLE SUR LE PONT (LA)

Film de Patrice Leconte sorti en 1999.
La genèse de *La Fille sur le pont* remonte à 1997. Pendant l'écriture des *Grands Ducs* (1996), Patrice Leconte fait la connaissance

de Serge Frydman, un jeune auteur passionné de cinéma. Tous deux discutent souvent du manque d'extravagance, de poésie et de fantaisie du cinéma contemporain. Ils ont l'idée de tourner un film sur la chance. Peut-on la saisir, peut-elle tourner, durer ? Après trois ans passés à jeter des idées en l'air, Leconte filme les retrouvailles de Delon et Belmondo dans *Une chance sur deux* et Frydman, qui en a signé les dialogues, s'attaque au scénario de *La Fille sur le pont*. « J'ai un besoin absolu d'avoir un film prêt à tourner au moment où je commence à en réaliser un autre », confie le réalisateur à Alain Riou du *Nouvel Observateur*. Ils présentent la première mouture du scénario à Vanessa Paradis, Jean-Pierre Marielle et au producteur Christian Fechner qui acceptent le projet. Le metteur en scène peut se lancer dans le tournage d'*Une chance sur deux* avec la certitude d'avoir un autre film en préparation si celui-ci échoue. Et l'échec d'*Une chance sur deux* confirme la superstition du réalisateur. Ce fiasco laisse Leconte anéanti, mais il peut enchaîner avec un nouveau projet : *La Fille sur le pont*.

Juste avant le début du tournage, Jean-Pierre Marielle se désiste. « Nous avons eu un rendez-vous manqué, raconte Vanessa quelques années plus tard. Le personnage masculin de *La Fille sur le pont* était écrit pour lui. Le rôle lui plaisait, il était très ami avec Serge Frydman, le scénariste, mais d'après moi, il ne devait pas se sentir à l'aise de jouer mon amoureux. Il avait donc fait l'impasse – un très beau geste, je trouve » (*Première,* juillet 2004).

L'actrice confie sa longue chevelure bouclée aux ciseaux de John Nollet. Il coupe très court, aussi court que pour Jean Seberg, ainsi l'exige Adèle, jeune femme malheureuse en amour, sur le point de se suicider quand surgit Gabor (Daniel Auteuil), un lanceur de couteau à la recherche d'âmes désespérées pour pratiquer sur elles ses tours. Le film s'ouvre sur un monologue de plus de six minutes d'Adèle. Vanessa Paradis demande au réalisateur de couper la scène. Il refuse. « C'était devenu mon problème. Il fallait que personne ne s'ennuie, sans trop en faire. » La prise est réussie du premier coup. C'est une prouesse, noteront les critiques. Les débuts

dramatiques du film s'éclaircissent pour laisser place à une comédie burlesque. Après quelques semaines de tournage, Leconte décide que le film sera en noir et blanc, pour lui donner cet air classique, hors du temps.
Et cette fois, soulignent certains, « Leconte est bon ». « J'ai l'impression que *La Fille sur le pont* ressemble d'assez près à ce que j'avais envie d'atteindre. Mais si le film est aussi bon que certains me le disent, c'est qu'un miracle s'est produit : il aurait en effet suffit d'un rien pour que toute l'affaire tourne à la catastrophe. »

LILY-ROSE

« DEPUIS L'ARRIVÉE DE LILY-ROSE, TOUT FAIT SENS. MÊME SI NOUS MANQUONS PARFOIS DE SOMMEIL, ELLE DONNE UN SENS À NOTRE VIE… NOUS NE SOMMES PAS TOUJOURS ATTENTIFS À SON ÉDUCATION, MAIS ÇA N'EST PAS IMPORTANT QU'ELLE SOIT ENTIÈREMENT "BIEN ÉLEVÉE". ON N'A PAS ENVIE DE DOMESTIQUER UN PETIT ANIMAL… »

VANESSA PARADIS

FRYDMAN (SERGE)

Le scénariste Serge Frydman a principalement collaboré avec Patrice Leconte. Il est l'auteur des scénarios des *Grands ducs*, d'*Une chance sur deux*, de *La Fille sur le pont* et de *Rue des plaisirs*. En 2004, il a réalisé son premier film, *Mon ange*, avec Vanessa Paradis et Vincent Rottiers dans les rôles principaux. Sur l'actrice, le réalisateur ne tarit pas d'éloges : « Elle se jette à fond ; elle le fait sans filets » (*On ne peut pas plaire à tout le monde*, janvier 2005)

G

GAINSBOURG (SERGE)

« Vanessa est un bouton dont personne ne peut savoir s'il deviendra une ortie ou une rose avec ses piquants. Elle a ceci de commun avec Bardot qu'avec une telle aura de séduction, les femelles la détestent. Elles craignent toutes qu'elle leur pique leur julot » (Serge Gainsbourg, *Paris-Match*, 1990). En marge de sa propre carrière depuis la fin des années cinquante, Gainsbourg a toujours écrit pour des femmes : Bardot, Birkin, Deneuve, Adjani, Bambou, sa fille Charlotte… À l'aise dans le rôle de Pygmalion, il a souvent connu plus de succès avec cette activité parallèle qu'avec ses propres disques, notamment dans les années soixante et soixante-dix.

À la fin des années quatre-vingt, plus souvent Gainsbarre que Gainsbourg, l'auteur n'est pas au meilleur de sa forme. Il a dû subir une opération du foie et a reçu l'ordre de ne plus boire une goutte d'alcool et, bien entendu, d'arrêter de fumer. Il envisage alors de se consacrer à la peinture, sa première discipline. Pourquoi, dans ces conditions, accepter d'écrire pour Vanessa Paradis ? Sans doute parce que la jeune fille l'inspire. « La Vanessa, c'est pas dégueu, elle est hyper douée, la seule de ma vie que j'ai pas eu à diriger » (*Rock & Folk*, novembre 1990). Peut-être aussi parce qu'elle a l'âge de sa fille Charlotte, et de son public, celui qui est venu l'applaudir au Zénith en mars 1988. Parce qu'il a envie de se reconnecter, à soixante balais, à cette génération « IBM » et « walkman ».

Pour Vanessa, c'est un rêve qui se réalise : son père est un fan de Gainsbourg depuis toujours ; elle a grandi avec ses chansons : " La Javanaise ", " L'Eau à la bouche ", " Le Poinçonneur des Lilas ". À l'occasion d'une interview où Gainsbourg exprime son désir d'écrire pour « la petite Vanessa », elle saute sur l'opportunité. Et va lui rendre visite dans son hôtel particulier du 5, rue de Verneuil, accompagnée de Didier Pain et Franck Langolff. « Je voulais qu'il m'écrive une chanson. En fait, pas seulement une, mais toutes, mais j'avais trop peur d'en demander plus. » Il écoute une musique, puis trois, puis tout l'album et décide d'écrire en se mettant dans la tête de cette jeune star de dix-sept ans.

Parfois dur, parfois tendre, il l'appelle sa « lolycéenne » ou Banessa Baradis, pour ne pas trahir la série gagnante de ses trois autres muses : Birkin, Bambou, Bardot. Mais Vanessa Paradis se garde bien d'imiter le timbre fragile de Jane Birkin. Comme avec Roda-Gil, elle se nourrit de son Pygmalion et prend autant qu'elle donne. « C'était un bonheur de travailler ensemble. Il était plein de bonnes manières, doux, très gentleman. Parfois, quand il me racontait sa vie, j'avais envie de le serrer dans mes bras. Je ne l'ai pas fait, par pudeur. Je le regrette, il est parti un an après » (*Elle*, décembre 2002). L'album est enregistré pendant l'hiver 1990 aux studios de Suresnes. Un an plus tard, le samedi 2 mars 1991, Serge Gainsbourg décède d'une crise cardiaque. Vanessa Paradis : « J'ai appris la nouvelle alors que j'étais au ski avec un groupe d'amis. On rigolait et quelqu'un, qui regardait la télévision dans la pièce d'à-côté, est revenu en courant et a crié : " Gainsbourg est mort ". J'ai eu froid et je n'ai rien ressenti, comme quand on a un grave accident. Je prie pour lui tous les jours. » Juste après *Variations sur le même t'aime*, Gainsbourg avait écrit un ultime disque pour Jane Birkin, *Amour des feintes*, testament pour l'amour de sa vie.

H

HOLLYWOOD

« Je n'ai aucune ambition internationale. Je n'ai même pas envie de prendre un agent à Hollywood. Je suis très heureuse de ce que je fais, cela suffit à me combler » (*Elle*, mars 2004).

À Hollywood, le couple que forment Vanessa Paradis et Johnny Depp habite une demeure atypique, mais qui symbolise à merveille l'âge d'or d'Hollywood : l'ancien manoir de l'acteur Bela Lugosi. La maison a également servi à enregistrer l'un des plus beaux albums des années soixante, " Love ", du groupe d'Arthur Lee, Love. C'est aussi dans cette maison sombre et gothique qu'ont été tournées quelques scènes du *Magicien d'Oz*.

Alors que la plupart des actrices françaises s'exportent (Juliette Binoche, Élodie Bouchez, Audrey Tautou) ou en rêvent, Vanessa Paradis, qui pourrait facilement tourner là-bas, préfère couler des jours tranquilles auprès de ses enfants, les emmener à la gym, faire du shopping sur Melrose ou boire des « breve latte » (café et crème) aux Starbucks du coin.

I

INFLUENCES CINÉMATOGRAPHIQUES

« Nous vivions à la maison dans une totale adoration pour Gene Kelly. La vraie vie, à nos yeux, c'était de chanter sous la pluie. L'art n'est pas fait pour nous montrer l'existence ordinaire. »
Vanessa Paradis grandit dans cet univers protecteur mais ouvert sur le monde, très adulte, comme beaucoup d'enfants uniques, ou qui le sont restés longtemps. Normal, donc qu'elle adopte les goûts de ceux qui l'entourent. Ses parents sont fascinés par le cinéma américain des années trente à soixante. Vanessa Paradis développe donc toute petite une fixation pour les mythes hollywoodiens : Marilyn Monroe, James Dean, Gene Kelly qu'elle découvre dans *Singing In The Rain* ou *Un américain à Paris*. « Ce qui cristallisait mes aspirations et me faisait rêver, c'étaient les comédies musicales ! Fred Astaire, Gene Kelly, Ginger Rogers étaient – et sont encore – les dieux. La comédie musicale représente un spectacle total, un mélange tourbillonnant de comédie, de chant et de danse. (...) Cette légèreté, cette grâce, ce mélange me scotchent littéralement. (...) Forcément, un jour ou l'autre, j'aimerais moi aussi participer à une comédie musicale. Quel plaisir ce serait... » (*Studio*, été 2004).
Johnny Depp lui a offert une robe ayant appartenu à Marilyn Monroe (Dire que Vanessa chantait sur son premier album les

BONHEUR

« JE SUIS SI HEUREUSE QUE CELA ME FAIT PARFOIS PEUR. MA VIE EST… PLEINE. ET MÊME QUAND J'AVAIS BEAUCOUP DE SUCCÈS, AVANT L'ARRIVÉE DE LILY-ROSE, JE DEMEURAIS SOUVENT TRISTE. MAINTENANT, JE SUIS ENTOURÉE DE MA MAGNIFIQUE FAMILLE. »

VANESSA PARADIS

amours contrariées de la star et de J.F. Kennedy !) et parfois loue une salle de cinéma de Hollywood pour elle toute seule, histoire de lui faire découvrir ses films favoris. « Cette époque magique me fascine et me fait rêver. Ainsi, je suis très impressionnée de voir à la télé des documents en noir et blanc montrant Brigitte Bardot ou Marilyn Monroe entourées par des milliers de photographes à leur descente d'avion. Ces images symbolisent à mes yeux la vie de star, un mode d'existence qui n'existe plus aujourd'hui. Marilyn, je l'aime pour sa beauté, sa voix, ses chansons et sa façon d'être à l'écran » (*Vidéo 7*, avril 1990).

La jeune femme est plutôt « cinévore ». « Je vois peu de films en salle, par manque de temps. Je me rattrape avec les DVD (…) J'aime les films qui procurent des émotions directes : le rire, les larmes, la peur, les frissons. J'aime aussi les films catastrophe et les thrillers » (*Studio*, été 2004). Johnny Depp lui a communiqué son amour pour le cinéma muet, elle lui a fait découvrir quelques incontournables du cinéma français : *Le Père Noël est une ordure, César et Rosalie, La Traversée de Paris*… et quelques acteurs : Louis de Funès ou Bourvil…

INFLUENCES MUSICALES

Vanessa Paradis grandit avec les disques de ses parents : la chanson pop des années soixante, Dutronc et Gainsbourg en tête, qu'elle a plus tard repris sur scène. À l'adolescence, elle découvre Prince et devient une grande fan de musique soul : Curtis Mayfield et Marvin Gaye, son « Mozart ». Elle est d'ailleurs une inconditionnelle de deux de ses chefs-d'œuvre : *What's Going On* et *Let's Get It On*.

Elle a aussi un penchant pour Tom Waits, dont la voix profonde et gutturale la fait « fondre », ou la chanteuse de jazz Billie Holiday. Sur scène ou sur des plateaux de télévision, elle a repris Marianne Faithfull (" As Tears Go By "), ex-girlfriend de Mick Jagger et icône rock, mais aussi Cindy Lauper (" True Colors "), Prince (" Sometimes It Snows In April "), les Rolling Stones (" Beast Of Burden ") ou les Zombies. Vanessa a une tendresse particulière pour la chanson française des années soixante-dix et quatre-vingt : Souchon et Berger en particulier. Des goûts variés, mais qui montrent la sensibilité de la chanteuse pour les mélodies et les émotions sincères.

J

" JOE LE TAXI "

Single sorti en avril 1987.

À treize ans, par l'intermédiaire de son oncle Didier Pain qui travaille dans le milieu du cinéma, Vanessa rencontre Franck Langolff, auteur d'un album pour Renaud (*Morgane de toi*). L'homme a dépassé la trentaine, mais l'adolescente et ce hippie barbu deviennent rapidement complices. Un soir de 1985, alors qu'il travaille sur l'album de Sophie Marceau avec Étienne Roda-Gil (voir p. 91), Vanessa vient leur rendre visite. Elle rêve d'enregistrer et propose au duo Langolff/Roda-Gil de lui écrire une chanson, ce sera " Joe le Taxi ".

Roda-Gil se souvient : « Je cherchais depuis un moment une môme qui puisse me faire l'effet de celle qui chante sur le disque des Clash, *Sandinista*, leur triple album de 1980. Sur le disque, une petite fille de dix ans se met à susurrer " *career opportunities* ". Vanessa chantait dans cet esprit ! » (Étienne Roda-Gil, *Libération*, 31 août 1987). Elle apporte son timbre unique et sa personnalité, même si le titre n'a rien à voir avec son quotidien de lycéenne. « Vous savez, il ne faut pas croire que j'adore Yma Sumac. J'avouerais même que j'aime pas trop. Moi, j'écoute Prince depuis trois ans. C'est le plus grand, il est génial. J'ai aussi un faible pour Dutronc quand il chantait " Les Playboys " et " Les Cactus " », déclarait de son côté Vanessa Paradis à *Libération*, le 31 août 1987.

« Joe, ce n'était évidemment pas une grande idée qui allait bouleverser l'Occident, plutôt un petit flash de la vie quotidienne : un contre-cliché du taxi raciste ; un mec cool qui écoute du mambo dans sa voiture. Personne, je dis bien, personne, n'y a cru » (Étienne Roda-Gil, *Globe Hebdo*, du 17 au 24 mars 1993). Personne, sauf Marc Lumbroso, alors directeur artistique de Polydor. Ce découvreur de talents (Jean-Jacques Goldman et MC Solaar, notamment) a du flair. Quelque temps plus tard, devenu PDG de Polydor, il signe la jeune fille qui avait été refusée par Virgin et sort le 45 tours, enregistré en février 1987, trois mois plus tard. " Joe le Taxi " fait un triomphe. Le titre grimpe en première place des classements en France, mais aussi à l'étranger. Et notamment en Angleterre, où les Français sont généralement exclus des charts. Les seuls à y être parvenus, presque vingt ans plus tôt, furent Jane Birkin et Serge Gainsbourg avec " Je t'aime moi non plus ". Vanessa Paradis, son Borsalino et son taxi jaune ont bouté Madonna hors de sa première place. Seymour Stein, directeur de Warner Monde, fait savoir à Roda-Gil qu'il aimerait la distribuer dans le monde entier. Pendant ce temps, Didier Pain signe avec Polydor pour l'international. Une confusion qui brouille l'auteur et le manager et explique peut-être l'absence de Roda-Gil sur le second album de Vanessa.

La vie reprend son cours, pas tout à fait comme avant. Déjà millionnaire, même si elle n'a accès qu'à 20 % de sa fortune, Vanessa est en couverture de *Paris-Match*, mais continue son année de seconde au lycée. Son « taxi jaune » lui fait vivre une existence schizophrène. Elle assure la promo dans le monde entier : Angleterre, Canada, Italie… Elle sera même invitée à l'émission mythique de la télé anglaise *Top Of The Pops*. Elle n'est pas la seule star de sa « promotion ». Un an plus tôt, Elsa, quatorze ans, s'est elle aussi hissée en tête des ventes de disques avec " T'en vas pas ", bande originale du film *La Femme de ma vie*, et Charlotte, fille de Serge Gainsbourg, a elle aussi eu droit au titre de Lolita pour le scandaleux " Lemon Incest ". Ces artistes en herbe sont évidemment mises en concurrence, et opposées sans ménagement. « Nous avons commencé au même âge, quatorze ans pour Vanessa, treize pour moi. Le succès a été immédiat. Et énorme. Le public et les médias nous ont tout de suite posées en concurrence, sans que nous comprenions pourquoi. Devenir la prétendue rivale de quelqu'un qu'on aime est détestable. Il y avait un malaise palpable. Je n'allais jamais aux concerts de Vanessa de peur de me faire lyncher par ses fans. Elle ne venait jamais aux miens pour les mêmes raisons… » (Elsa, *Première*, juillet 2004).

COMÉDIE MUSICALE

« JE RÊVE DE FAIRE UNE COMÉDIE MUSICALE DEPUIS QUE J'AI CINQ ANS. IL Y A PLEIN DE GENRES DIFFÉRENTS DANS LA COMÉDIE MUSICALE, QUI M'ATTIRENT. JE VOUDRAIS ÊTRE AU CINÉMA QUELQU'UN QUI NE ME RESSEMBLE PAS. »

VANESSA PARADIS

La presse ironise, comme elle le fait aujourd'hui avec les wagons de « vedettes » de la télé-réalité, assurant un avenir sans lendemain à l'une ou l'autre des deux jeunes chanteuses. Erreur.

" Joe le Taxi " a connu plusieurs vies : il a été repris en plusieurs langues, en version techno, et même compilé il y a trois ans par les inventeurs du bootleg mix, les deux Belges de 2 Many Djs…

K

KRAVITZ, LENNY

« C'est étrange, quand j'y pense. Je ne mérite peut-être pas tout ce qui m'est arrivé. Il y a tellement de gens incroyables qui se sont intéressés à moi, qui ont partagé leur travail avec moi et ont créé des choses avec moi. Je me demande pourquoi. Il doit bien y avoir une raison. Je dois bien avoir un peu de talent, mais je pense aussi être une des personnes les plus chanceuses au monde. Il y a quelque chose en moi que les gens adorent. Ou qu'ils détestent », déclarait Vanessa Paradis, en 1992.

Quand arrive le moment d'enregistrer un troisième album, la chanteuse suggère un nom à sa maison de disques : Lenny Kravitz. Le proto-baba a vendu des millions de *Let Love Rule* et *Mama Said* en reprenant – avec talent – les idées de Lennon/McCartney, Sly Stone, Jimi Hendrix, Led Zepelin, Curtis Mayfield, Marvin Gaye et les Supremes. Métisse musculeux, vêtu comme un croisement de Prince et d'Hendrix, Lenny Kravitz est assurément un piège à filles. Le musicien a grandi entre deux cultures, entre deux mondes : celui de sa mère, afro-américaine, et de son père, juif new-yorkais. Elle est actrice et lui, producteur pour la télévision. Lenny baigne dans un environnement artistique et showbiz. Son copain d'école s'appelle Slash (futur Guns'n'Roses) ; le jeune homme devient tout naturellement musicien et joue dans le groupe Romeo Blue. Marié à l'actrice Lisa Bonet (*The Cosby Show*, *Angel Heart*), il a une fille, Zoé, née à la fin des années quatre-vingt. En 1989, il est révélé par

ÉCLIPSES

« LA GRANDE CHANCE QUE J'AI, C'EST DE POUVOIR CHOISIR MES MOMENTS, DE POUVOIR DIRE « STOP » QUAND J'EN AI ENVIE. C'EST UN PRIVILÈGE DE NE FAIRE QUE CE QUE J'AI VRAIMENT AU FOND DE MON CŒUR. »

VANESSA PARADIS

son premier album *Let Love Rule*, et surfe sur le succès avec *Mama Said* et *Are You Gonna Go My Way*, où il remet au goût du jour les influences seventies (Motown, Hendrix, Lennon). Accusé de plagiat, Lenny Kravitz connaît une sévère remise en question à la fin des années quatre-vingt-dix. En 2000, il reçoit le Grammy Award du « Meilleur Artiste rock ». Son dernier album, *Baptism*, est sorti en 2004.

« Je voulais travailler avec un producteur américain pour faire un album en anglais. On m'a proposé plein de noms et la seule personne qui m'intéressait, c'était Lenny Kravitz. Mais je pensais que ce serait impossible. Et puis on s'est rencontrés, on est allés dîner, on n'a pas vraiment parlé de musique mais de nous, pour voir si on s'entendait ou pas. On s'est revus plusieurs fois et on a commencé à travailler ensemble à New York. C'était magnifique. (...) » (*Elle*, 31 août 1992). La première rencontre a lieu un soir d'avril 1991 : de passage à Paris, Lenny se rend dans le studio où enregistre Vanessa. Il l'avait découverte avec la chanson "Tandem", qui passait régulièrement sur MTV. Après cette rencontre, il décide de donner une chance à leur collaboration et l'incite à le rejoindre à New York.

Sa relation avec Florent Pagny bat de l'aile ; le jeune homme qui sent bien qu'il la perdra de toute façon, la pousse à prendre son envol. « Même si j'ai quitté mes parents à seize ans, j'étais très protégé en France » (*Elle*, 31 août 1992). Elle abandonne sa maison de la banlieue parisienne, Florent et sa bande, et passe huit mois à New York, accompagnée de son oncle, pour apprendre l'anglais, faire des rencontres, reprendre le contrôle sur sa vie volée par les médias. Pendant ce temps, Kravitz écrit, et enregistre l'album *Vanessa Paradis*, entièrement en anglais. Elle redécouvre l'anonymat, la liberté et la légèreté des rencontres fortuites. Quand elle n'est pas en studio, elle se lève tôt, marche de longues heures dans Manhattan, découvre les puces et les restaurants cajun de Brooklyn.

Vanessa Paradis a trouvé un Pygmalion, moins prestigieux que Gainsbourg, mais qui a du succès – et pas seulement en France. Musicien doué, mais parolier assez faible, il écrit du sur-mesure pour la jeune fille. Kravitz se transforme en Berry Gordy (patron du label de soul Motown) et fait de la jeune Française sa Diana Ross. Malheureusement, l'héritage soul, qu'elle adore, est totalement étranger à son timbre aigu et sucré. Lenny Kravitz est exigeant et la fait travailler intensément. « Lenny est un type très pris. Il est toujours quelque part et ailleurs en même temps. C'est un passionné. Un passionné de musique. Sa vie tourne autour de ça. Parfois, vous lui parlez et il n'écoute même pas, parce qu'il est en train de composer. Il est très drôle, il est… je l'aime vraiment. Je pense avoir trouvé quelqu'un – même si on n'a pas grandi dans le même pays, n'avons pas la même culture – qui me ressemble vraiment. Parfois, nous n'avons même pas besoin de nous parler, nous pensons à la même chose. » Leur relation va vivoter pendant quatre ans, d'un côté et de l'autre des États-Unis. Ils sont évidemment la cible favorite des paparazzis, et sont poursuivis de Paris (Roland-Garros) aux îles perdues des Caraïbes. Lorsqu'elle démarre sa tournée en 1993, Lenny Kravitz doit se concentrer sur son nouvel album… La période de grâce ne dure pas. Sa crédibilité a été quelque peu émoussée par le pillage éhonté et de moins en moins inspiré de quelques classiques du rock, sans oublier son arrogance et sa mégalomanie, qui ont rendu le personnage plus ridicule que sympathique.

L

LANGOLFF (FRANCK)

« J'ai fait sa connaissance alors que j'enregistrais des chansons pour Sophie Marceau. À douze ans, elle était d'une étonnante maturité, elle pige tout très vite (...) Elle a la puissance du caméléon, comme Bowie » (Franck Langolff, Hors série de *Gens d'aujourd'hui*, 1992).

Ce guitariste doué, qui compose, arrange et chante, est l'auteur de " Morgane de toi " de Renaud et de " Chanteurs sans frontières " (pour l'Éthiopie). Franck Langolff cache sa silhouette d'ours mal rasé sous des vêtements amples, apprécie le « malt à toute heure ». Ce bosseur acharné avoue avoir travaillé « par plaisir pour Renaud, pour le prestige avec Hallyday, et pour la croûte avec Sylvie Vartan ou Bernie Bonvoisin du groupe Trust » (*Libération*, 31 août 1987). Pour Vanessa, qu'il ne traite pas en petite chose fragile, mais comme une amie, il imagine une musique rétro à l'époque des années quatre-vingt, synthétiques, qui se rapproche de la rumba, fait appel à un saxo et à des chœurs. Les atouts d'un tube imparable avec ce petit supplément d'âme et de charme. La jeune fille est ravie ; on appelle Roda-Gil pour le texte. La légende veut qu'il l'ait écrite en une trentaine de minutes, dans... le taxi qui le conduisait chez les Paradis, à Villiers-sur-Marne. " Joe le Taxi " raconte l'histoire d'un chauffeur de taxi qui préfère le rhum au soda, écoute Yma Sumac, une diva d'Amérique latine tombée dans l'oubli et qui a été redécouverte grâce à la chanson.

« GAINSBOURG LILY-ROSE MELODY A BIEN SÛR EN PARTIE ÉTÉ BAPTISÉE GRÂCE À LA CHANSON DE SERGE GAINSBOURG. C'ÉTAIT UN BONHEUR DE TRAVAILLER AVEC LUI. »

VANESSA PARADIS

Un portrait juste, d'une grande finesse, ciselé pour cette adolescente. La grande force de Roda-Gil aura justement été d'éviter de lui faire chanter des âneries, ce qu'on croit être des chansons de son âge, où on parle de boums, de cocas et de garçons.

LECONTE (PATRICE)

« Leconte a un physique sérieux, mais il ne l'est pas. Il pourrait être clown contorsionniste. Ensemble, on fait les couillons, mais il nous arrive de nous attendrir, en parlant de belles choses » (*Elle*, décembre 2002).

Cinéaste français qui s'est distingué en réalisant quantité de films aussi différents que *Les Bronzés*, *Le Père Noël est une ordure, Tandem* ou *Ridicule*, il a tourné deux films avec Vanessa Paradis : *Une chance sur deux* et *La Fille sur le pont* (voir p. 96 et 43).

LITTLE RABBITS, GROUPE DE ROCK FRANçAIS

En quinze ans d'existence, les Little Rabbits se sont construits une discographie très riche, à mi-chemin entre la pop anglo-saxonne, pour leur goût des mélodies et des arrangements, et la chanson française, inspirée par serge Gainsbourg. Leur univers est aussi très influencé par la Nouvelle Vague (notamment Godard, dont ils citent fréquemment *Pierrot le Fou*). Nantais, comme les frères Poiraud, qui ont réalisé des clips pour le groupe en 1995 et 1998, et comme Philippe Katerine, ils comptent sept albums à leur actif, dont la bande originale d'*Atomik Circus*.

LIVE

Album live sorti en 1994, chez Barclay.

Natural High – Les Cactus – Marilyn & John – As Tears Go By – Tandem – Dis-lui toi que je t'aime – Joe le Taxi – La Vague à lames – Maxou – Sunday Mondays – Silver And Gold – Gotta Have It – Lonely Rainbows – I'm Waiting For The Man – Be my Baby – Just As Long As You Are There

Après avoir longtemps repoussé le moment de chanter sur scène, Vanessa Paradis se jette enfin à l'eau au printemps 1993, et embarque pour le *Natural High Tour*. L'album *Live* a été enregistré à l'Olympia, où elle s'est produite pendant une douzaine de jours au début du mois d'avril. Portée par un public en liesse et accompagnée par un groupe de musiciens américains carrés, assortis à ses pattes d'ef, la chanteuse passe très bien l'épreuve. Sa voix est assurée ; on l'entend revisiter les premières années de sa carrière avec " Joe le Taxi ", " Maxou ", " Marilyn & John " que lui avaient écrits Franck Langolff et Étienne Roda-Gil. Gainsbourg, disparu deux ans plus tôt, est aussi à l'honneur (" Tandem ", " Dis-lui toi que je t'aime ", " La Vague à l'âme ")... La seconde partie du concert est consacrée à son album en anglais, et souffre du même défaut que les disques de Lenny Kravitz : celui d'un héritage trop voyant. Son Pygmalion la voudrait à la fois Diana Ross et Marianne Faithfull, mais la chanteuse, tellement particulière, n'a nul besoin de s'inscrire dans cette filiation. Elle reprend tout de même

" As Tears Go By " de Marianne Faithfull et aussi " I'm Waiting For My Man " de Lou Reed, sans oublier " Les Cactus " de Jacques Dutronc.

LOLYCÉENNE

« Lolycéenne », c'était l'expression que Gainsbourg employait pour parler de Vanessa Paradis. Âgée de treize ans au début de sa carrière, la chanteuse est rapidement considérée comme une Lolita, nom dérivé du prénom qui donne son titre au roman de Vladimir Nabokov, dans lequel Lolita est une enfant de douze ans, qui séduit un quadragénaire désemparé. Vanessa Paradis n'est alors pas majeure et plaît aux hommes. Lorsqu'elle passe à l'émission culte *Top Of The Pops* en 1988, les Anglais sont snobés pas cette jeune fille à peine sortie de l'enfance, qui se comporte déjà comme une petite femme. Son audace n'aura pas manqué de leur rappeler Twiggy, le mannequin au visage d'enfant qui fut une icône des années soixante, ou Annabella Lu Win, la chanteuse de Bow Wow Wow, qui était âgée de quatorze ans à ses débuts en 1980.
En France, Vanessa Paradis agace les épouses et les filles ! « Lorsqu'elle a collaboré avec mon père, j'étais jalouse, jalouse... C'était horrible ! J'imagine qu'elle le sait. Cela dit, j'adore leur album. Parce que c'est elle, parce que c'est lui. Et parce que leur travail en commun nous relie aussi », déclarait Charlotte Gainsbourg (*Première*, juillet 2004). Sans doute agace-t-elle aussi parce qu'elle est non seulement pressée de devenir une femme, mais possède aussi cette séduction très naturelle qui fait dire à certains qu'elle ressemble à Bardot, et qui déstabilise profondément les hommes. « Lolita ? Je ne comprends pas. Quand je suis sur scène, je chante pour un public de sept à soixante-dix-sept ans. Pour les grands-mères, pour les enfants. Je ne pense pas aux hommes de quarante ans qui ont une image de moi dégoûtante »

(*Paris-Match*, 1987).
Même si les paroles de ses chansons ne comportent pas d'ambiguïté, elle s'inscrit en France dans la lignée des interprètes longtemps poursuivies par leur image de Lolita, comme Lio ou France Gall. Pendant des années, son physique très adolescent, sa blondeur « raphaélique » et sa langue bien pendue de petit « piaf » parisien inspirent les réalisateurs, qui la renvoient systématiquement dans des rôles de femme-enfant séductrice. Vanessa Paradis enterre définitivement cette image après la naissance de sa fille, en 1999. Et même si elle paraît toujours plus jeune que son âge, sa réussite et sa vie de famille rangée ont depuis longtemps apaisé les esprits.

« JOHNNY DEPP

IL A UNE COMPLICITÉ INCROYABLE AVEC LES PETITS. ON PASSE BEAUCOUP DE TEMPS ENSEMBLE, ET ON A BEAUCOUP DE MAL À RESTER SÉPARÉS QUELQUES JOURS. ALORS, S'IL DOIT RESTER LONGTEMPS SUR UN TOURNAGE, JE PRENDS LES ENFANTS ET JE L'ACCOMPAGNE SUR LE PLATEAU, OÙ QUE CE SOIT DANS LE MONDE. »

VANESSA PARADIS

M

M&J

Premier album de Vanessa Paradis, sorti en 1988.

Marilyn & John – Maxou – Le Bon Dieu est un marin – Mosquito – Soldat – Joe le Taxi – Coupe coupe – Chat ananas – Scarabée – Marilyn & John (version anglaise)

Ce premier album a été enregistré entre 1987 et 1988. Roda-Gil décide d'y mettre son amour désenchanté pour le Paris de la fin des années quatre-vingt et pour des mythes plus grands que nature. Vanessa aurait aimé chanter des choses plus rock, mais à quinze ans, tout ne passe pas. « Avec sa voix, sa tessiture, l'idée même du rock était impossible, même si elle l'avait vraiment voulu », avoue Franck Langolff.

L'album rend hommage aux grandes figures d'un autre temps : " Maxou " dresse un portrait du James Dean de *La Fureur de vivre*, tandis que " Marilyn & John " évoque la liaison entre l'actrice et le président américain... Il tente aussi un hommage aux Beatles avec " Scarabée ". Le disque plutôt charmant, parfois un peu désuet, peut toucher un large public. L'exploit, c'est de n'avoir pas enfermé la jeune fille dans un carcan. Sans origines sociales

MUSIQUE/CINÉMA

« DANS LA MUSIQUE, LES GENS PEUVENT BEAUCOUP PLUS ÉCHANGER, PARTAGER. REGARDEZ LE PRINCIPE DU BŒUF, OÙ DES GENS QUI NE PARLENT PAS LA MÊME LANGUE PEUVENT SE RETROUVER À FAIRE DE LA MUSIQUE PENDANT TOUTE UNE NUIT ET FAIRE DES CHOSES EXTRAORDINAIRES ! ON NE PEUT PAS FAIRE UN BŒUF DE SCÈNES DE CINÉMA... »

VANESSA PARADIS

marquées, la chanteuse n'est ni bourgeoise, ni prolétaire, juste une ado normale à la place de laquelle tout le monde peut s'imaginer. En chantant des histoires très éloignées de son univers, elle a toute latitude pour exprimer ce dont elle a envie. « Elle inventait tout, racontait Roda-Gil à *L'Express*. Vanessa n'était en aucun cas Shirley Temple ou une sorte de singe savant, mais la femme affirmée. J'adorais ça, ça m'a snobé. » Pour l'anecdote, c'est au cours de l'enregistrement de l'album qu'Étienne Roda-Gil rédigera une dissertation à la place de Vanessa Paradis et récoltera un 02 sur 20.

" MAGIE DES SURPRISES PARTIES "

Premier 45 tours de Vanessa Paradis, sorti en 1985.

C'est le premier 45 tours, quoique non officiel, de Vanessa Paradis. Le disque, enregistré avec les Forbans, a été tiré à quatre mille exemplaires, mais n'a pas été commercialisé avant la parution de " Joe le Taxi " en 1987. Didier Pain fera retirer les quelques exemplaires du marché...

Ces débuts, moins glorieux que " Joe le Taxi ", prouvent au moins une chose : que Vanessa Paradis rêvait de devenir une artiste, pas

à n'importe quel prix, mais pas loin… Sa grande chance a été de rencontrer d'excellents auteurs. La suite de sa carrière n'aurait sans doute pas eu le même goût si les bonnes fées ne s'étaient appelées Roda-Gil et Langolff.
Quelques pièces de " La Magie des surprises parties " refont parfois surface sur eBay à des prix assez élevés. Avis aux amateurs…

MODE

Vanessa Paradis est ce qu'on appelle un prescripteur de tendances, au moins l'égale d'une Madonna pour la France. Le perfecto et les robes moulantes des années quatre-vingt, le look baba cool des années quatre-vingt-dix, la bohème chic des années 2000 et le retour aux années trente n'ont pas échappé aux rédactrices de mode qui la prennent fréquemment en exemple.
Découverte à quatorze ans, Vanessa Paradis n'a pas eu d'autre choix que de grandir et chercher sa personnalité sous le regard des médias. À ses débuts, elle est vêtue comme les filles de son âge : jean un peu trop grand, sweat-shirt XXL, chemise et gilet Agnès B, un incontournable des années quatre-vingt, mais rapidement, elle s'émancipe. Quand elle rencontre Florent Pagny, elle transforme son apparence d'ado en jeune fille assez rock'n'roll : caleçon noir et boots de motard, perfecto en cuir. Elle préfère les robes courtes et ajustées signées Azzedine Alaïa, un autre créateur incontournable de ces années-là.
Puis, quand elle s'envole pour New York et enregistre avec Lenny Kravitz, sa garde-robe en est toute bouleversée. Elle adopte une nouvelle fois le style de son Pygmalion : chaussures jaunes à talon compensé, pattes d'éléphants. Rien n'est assez voyant, ni *too much* pour le duo néo-hippie.
Au fil des années de cinéma et d'indépendance, la jeune femme se fait plus classique ou plus grunge, varie et mélange les genres,

mais reste à la pointe des modes avec Corinne Cobson ou Jean-Paul Gaultier…

Enfin, la rencontre avec Johnny Depp la transforme à nouveau. Elle adopte le style de son « amoureux » : vieilles boots sans âges, baggy et chemise de bûcheron, bijoux gris-gris ou véritables bijoux anciens. Elle trouve petit à petit son style, lançant, en bonne Parisienne, le style années trente à Hollywood : robe en lamé vintage Chanel, bandeau de plumes dans les cheveux… Classique et très élégante à la fois, elle devient l'ambassadrice du chic parisien. Le reste du temps, elle préfère les vêtements confortables qui ne craignent pas les salissures provoquées par deux enfants en bas âge.

Pour l'été 2003, le catalogue de vente par correspondance, La Redoute, l'a invitée à choisir quelques vêtements et accessoires parmi ses créateurs préférés. Les photos noir et blanc signées Dominique Isserman montrent son goût pour les vêtements chic et décontractés de Paul & Joe, Antik Batik et Vanessa Bruno…

Ses marques préférées : Betsey Johnson, une styliste new-yorkaise très rock'n'roll, autrefois fiancée à John Cale du Velvet Underground, Corinne Cobson (à qui elle a demandé de créer ses tenues de scène pour le *Natural High Tour*), E2 (le couple l'a habillée pour sa tournée de 2001), Chanel, bien sûr, Voyage, une boutique extrêmement *select* de Londres. Pour la lingerie, elle va chez Fifi Chachnill, ou chine chez les brocanteurs et les antiquaires des vêtements très féminins. Johnny Depp, grand collectionneur d'antiquités, lui a offert une robe ayant appartenu à Marilyn Monroe…

" MANOLO MANOLETE "

Deuxième Single, sorti en 1988.

La chanson est un hommage au matador Manuel Rodriguez Sanchez, tué par un taureau dans les arènes de Linares, en 1947. La vidéo est réalisée par Élie Chouraqui, c'est le *deejay* Philippe Corti qui joue le rôle du matador.

MON ANGE

Film de Serge Frydman sorti en janvier 2005.

Après *Atomik Circus*, Vanessa Paradis enchaîne avec le tournage de *Mon ange*, entre Bruxelles et Amsterdam, début 2004. Le réalisateur a écrit de nombreux scénarios pour Patrice Leconte, mais *Mon ange* est sa première réalisation. Le film raconte l'histoire d'une jeune femme, Colette, qui a un très fort désir d'enfant. À la suite d'une erreur téléphonique, elle hérite d'un grand ado, Billy (Vincent Rottiers), dont elle ne sait que faire. Entre eux deux naît une étonnante complicité…

« "RÊVES"

J'AIDE L'ASSOCIATION "RÊVES", QUI DONNE L'OCCASION À DES ENFANTS MALADES ET HOSPITALISÉS DE RÉALISER LEUR RÊVE. CE NE SONT PAS DES CHOSES EXTRAORDINAIRES, MAIS CHACUN PEUT AIDER AVEC SON TEMPS LIBRE, RENCONTRER CES ENFANTS ET PARLER DE SA PASSION, DE SON MÉTIER. »

VANESSA PARADIS

Comme les précédents scénarios de Serge Frydman, celui de *Mon ange* est très écrit. Il y a beaucoup de fantaisie et de poésie surréaliste chez cet auteur, et c'est bien ce qui séduit l'actrice, peu attirée par le néo-réalisme français (Desplechin, par exemple), même si c'est le très sombre *Noce blanche* qui l'a révélée. Sorti fin janvier 2005, *Mon ange* a reçu un accueil assez mitigé ; le principal reproche que l'on a fait au film était une écriture trop imposante. *Mon ange* n'est pas resté longtemps à l'affiche.

MONDINO (JEAN-BAPTISTE)

« Avant de voir *Noce blanche*, j'avais un a priori très négatif sur Vanessa. Elle m'a bluffé. (…) J'aime son laisser-aller, elle a une grâce ténébreuse », a dit d'elle Jean-Baptiste Mondino.

Il rêvait de devenir une rock star, mais s'est fait un nom en réalisant les pochettes des disques de ses amis. Du post-punk aux magazines de mode, Mondino est devenu un photographe et vidéaste très demandé.

Le style Mondino, comme celui de Jean-Paul Goude ou Philippe Starck, est immédiatement identifiable : très coloré ou très contrasté, drôle ou rock'n'roll, il est emblématique des années quatre-vingt. C'est lui qui a réalisé le clip de " Marcia Baila " de ses amis les Rita Mitsouko, celui de " I Wish U Heaven " de Prince, " Justify My Love " (censuré sur certaines chaînes) de Madonna et " Money Love " de Neneh Cherry. Mondino est aussi un grand photographe. Loin de travailler à l'instinct, ses photos montrent en général une réflexion ou une idée très précise de son sujet. Mondino est l'un des premiers en France à avoir connu le succès avec un rap : " La Danse des mots ". Son parcours exemplaire ne l'a pas rendu immodeste : « Je fais juste des photos qui sont peut-être drôles ou belles à une époque où c'est facile de les faire. Je ne mérite pas tant d'égard. »

Si Vanessa enterre son image lisse de petit prodige du Top 50, c'est bien grâce à lui. Il réalise la vidéo du premier extrait de *Variations sur le même t'aime* : " Tandem ". Le clip est en noir et blanc ; le jeu sur les contrastes et les matières (métal, PVC), ainsi que sur les gros plans de ses cheveux ou de sa bouche, révèlent toute la sensualité de Vanessa Paradis.

La chanteuse retrouve très régulièrement le photographe au cours de sa carrière. Pour la vidéo de " Natural High ", tournée à Los Angeles au printemps 1993, et aussi pour des sessions photos avec de grands magazines de mode. Après son accident de scooter des neiges, en 1998, il la prendra en photo avec ses béquilles et ses radios… (voir aussi " Tandem ", p. 93)

N

"NATURAL HIGH TOUR"

Tournée de 1993.

En six ans de carrière et trois albums, Vanessa Paradis ne s'est jamais vraiment confrontée à la scène. Quand elle embarque enfin pour sa première tournée au printemps 1993, elle s'est longuement préparée. Elle a pris des cours de chant pendant six mois, puis répété à New York pendant quatre mois, quotidiennement. Le coup d'envoi du *Natural High Tour* a lieu le 3 mars 1993 à Deauville. La tournée s'étale sur six mois et traverse la France, avant de s'attaquer au Japon et aux États-Unis.

Imprégnée d'esprit hippie et enrobée de vapeurs d'encens, elle apparaît telle que dans la vidéo de " Be My Baby ", vêtue d'un ensemble violet, pantalon pattes d'ef et top, qui laisse voir son nombril.

« J'aime être dans un bus avec les musiciens, j'aime sortir, rigoler, parler à des gens différents, voir de nouvelles villes tous les jours. Parfois, j'aimerais juste rester là où je suis, ne rien faire… » (MTV, mai 1993). Pourtant, sa solitude lui pèse, et le rythme éprouvant des concerts, l'énergie qu'elle dépense chaque soir, le manque de sommeil l'épuisent. Au début de l'été, Didier Pain annonce par voie de presse que le reste de la tournée est suspendu. Vanessa doit se reposer. « La tournée a été un grand choc pour moi. C'était très difficile. Je pensais que ce serait facile, j'ai été surprise et j'ai souffert. Après ça, repartir et mettre autant d'amour et de sincérité

ROMY SCHNEIDER

« J'ADMIRE CETTE ACTRICE. ELLE EST DISPARUE JEUNE, ET ELLE POSSÉDAIT UN VRAI FEU INTÉRIEUR. ELLE POUVAIT ÊTRE SOURIANTE, ET L'INSTANT D'APRÈS TRAGIQUE. JE L'AI AIMÉE DÈS L'ÂGE DE HUIT ANS JE CROIS. DANS *CÉSAR ET ROSALIE* OU *LA PISCINE*, ELLE ME BOULEVERSE. »

VANESSA PARADIS

dedans, je n'en avais pas la force. Certains soirs, je n'avais plus de voix (...) J'étais faible, de plus en plus faible. Heureusement, parmi mes proches, des gens plus sensés m'ont fait comprendre que je risquais de m'abîmer irrémédiablement. De casser ma voix, ma santé, tout le reste. Ma mère était morte d'inquiétude. J'avais perdu du poids. Les parents n'aiment jamais beaucoup cela. Alors brusquement, on a tout arrêté » (*Elle*, octobre 1993).

Dans un premier temps, elle se réfugie à New York, puis revient à Paris et part ensuite se ressourcer à Formentera, aux Baléares, avec quelques amis, dont Alain Lanty. À la rentrée 1993, Vanessa s'envole à nouveau pour New York où elle surveille le mixage de l'album *live* tiré d'un enregistrement à l'Olympia qui sort un an plus tard. Claude Gassian, un des plus grands photographes rock, qui l'a suivie pendant une bonne partie de la tournée, publie un ouvrage d'une cinquantaine de photos dont les légendes sont écrites par la chanteuse. Le livre *Vanessa Paradis, Natural High Tour* (Éditions Vade Retro) est aujourd'hui épuisé (voir aussi *Live*, p. 65).

NELSON

C'est le Labrador et compagnon des années de solitude de Vanessa Paradis. En 2001, Hubert Mounier (ex-Affaire Louis Trio) a écrit une chanson pour Vanessa Paradis intitulée " Nelson ". La chanteuse ne l'a pas incluse sur *Bliss*, et le titre a finalement atterri sur le premier album solo du compositeur, *Le Grand Huit*.

NEW YORK

Peu après sa rencontre avec Lenny Kravitz, Vanessa Paradis décide de s'installer à New York. Elle y trouve non seulement l'opportunité d'y enregistrer un album en anglais, mais aussi de s'éloigner de la France, où sa notoriété devenait un véritable fardeau. Il est aussi temps pour cette jeune adulte, qui a toujours vécu en bande, de voler de ses propres ailes. Vanessa et son oncle s'installent dans un appartement situé dans le sud de Central Park. « Le matin, par une grande baie vitrée, je voyais le soleil se lever sur ce fabuleux parc, c'était somptueux. » La Mecque du rock lui offre un nouveau souffle. « New York m'a ouvert les yeux et le corps. C'était une échappatoire, j'avais envie de vivre comme je le souhaite et pas comme on me représente. Là-bas, j'ai découvert le plaisir de rencontrer des gens qui n'avaient pas d'idées préconçues sur moi. C'est insupportable d'avoir à se justifier constamment. Mon but est d'être reconnue, non comme un sex-symbol, mais comme quelqu'un qui fait des choses intéressantes » (*Max*, 1995). Elle y reste pendant toute la durée de l'enregistrement du disque *Vanessa Paradis*, et y garde un appartement jusqu'au milieu des années quatre-vingt-dix.

NOCE BLANCHE

Film de Jean-Claude Brisseau
« Un jour, Marceline Lenoir (mon agent) m'a téléphoné en me disant qu'elle avait reçu un scénario formidable. Je partais pour New York et j'ai lu *Noce blanche* d'une traite, dans la nuit. J'ai

appelé ma mère qui avait adoré le scénario. Brisseau est venu me voir. Je suis allée le chercher à la gare. Et je l'ai d'emblée trouvé antipathique. Dans la voiture qui nous emmenait à la maison, je n'avais qu'une idée, c'était le remettre dans le train et ne plus jamais le voir. Voix grave, peu aimable, il me critiquait sans cesse et avec son mètre quatre-vingt-treize bourru, je trouvais vraiment qu'il en faisait des tonnes. Mais comme j'ai de la répartie, au bout d'une heure, il s'est détendu et je crois que je l'ai séduit à ma façon » (Vanessa Paradis, 1990).

C'est la jeune actrice Charlotte Valandrey (*Rouge Baiser*) qui devait incarner Mathilde, l'adolescente qui séduit le professeur de philosophie, mais pour faciliter le financement du film, la productrice Margaret Ménégoz impose Vanessa Paradis au générique. Le tournage a lieu pendant l'hiver 1989 en province. Vanessa est accompagnée de sa mère. Après un démarrage assez facile, l'ambiance se détériore.

« On a tourné pendant six semaines à Saint-Étienne. Au début, c'était un peu dur pour moi, car on se levait tôt et je suis plutôt de la nuit. Ce que j'aimais, c'est quand Brisseau me poussait à bout et me forçait à obtenir des trucs inattendus. J'ai plutôt envie de lui dire " Merci de m'avoir mise dans cet état-là. " Maintenant, j'adorerais aller encore plus loin. Et qu'on ne me parle pas de provocation, je suis faite comme ça. Les scènes où je suis nue ne m'ont pas posé de problèmes, elles font partie du rôle. Le plus dur a été de jouer avec beaucoup d'émotion rentrée. J'ai dû apprendre à modeler mes sentiments » (*L'Événement du jeudi*, du 9 au 15 novembre 1989).

Les deux fortes personnalités s'affrontent et le tournage tourne rapidement au cauchemar. Après des heurts et quelques cris, Vanessa Paradis « fugue » pendant trois jours avec Florent Pagny. « Il m'a fallu reprendre le contrôle sur le film », raconte Brisseau à *L'Express*. Ce qui n'empêchera pas le film de « révéler » Vanessa Paradis en tant qu'actrice. « Elle subissait un tel rejet médiatique

que si elle avait été mauvaise, elle ne se serait pas relevée », ajoutait Brisseau. Le film connaîtra le succès que l'on sait.

LA FILLE SUR LE PONT

« QUAND J'AI LU LE SCRIPT DE CE FILM, J'AI DU RETENIR MON CŒUR PENDANT UNE HEURE, TELLEMENT J'ÉTAIS ÉMUE... MON PERSONNAGE EST TELLEMENT PASSIONNANT ET COMPLIQUÉ. J'AI ADORÉ JOUER CE RÔLE. JE L'AIME, CAR ELLE N'EST PAS UNE HÉROÏNE " TYPIQUE ". »

VANESSA PARADIS

NOCTAMBULE

Paris a connu une effervescence noctambule dans les années soixante-dix, qui explose vers 1979-1980. Mais après les années disco au Palace, temple chic et glamour où l'on croisait tout le monde (Catherine Deneuve, Yves Saint-Laurent, Mick Jagger...), l'époque prôna le retour à une certaine sobriété. Le look moderne (peinture noire, acier, néons...) et la musique new wave des Bains attirèrent la foule : *beautiful people* rescapés des années glamour, artistes, mannequins, musiciens, débauchés en tout genre. Puis ce fut l'arrivée du sida au milieu des années quatre-vingt, qui provoqua une hécatombe dans le milieu de la nuit. Les noctambules devinrent cyniques, la cocaïne débarqua en force. Aux Bains, les habitués se nommaient Coluche, Gainsbourg, Yannick Noah ou Thierry Ardisson, qui y tournait son émission *Bains de minuit*.
C'est à cette époque que Vanessa Paradis découvrit le lieu et en fit, avec son fiancé Florent Pagny, sa seconde maison. Mais vers la fin de la décennie, le lieu devint obsolète ; Vanessa migra vers des endroits chargés d'histoire, comme le Balajo – qui était un dancing dans les années trente –, ou des adresses branchées (comme La Poste ou La Casbah). Sa vie ressemblait alors à une longue nuit sans fin : « Si personne ne vient me déranger, je peux dormir jusqu'à quatre heures de l'après-midi », avoua-t-elle dans *Elle*, en 1991.

L'émergence des musiques électroniques au début des années quatre-vingt-dix développa un nouveau clubbing… Mais Vanessa, plus attirée par le rock ou la soul des seventies, était déjà loin, à New York ou ailleurs.

O

OCCASIONS MANQUÉES

Chaque carrière d'artiste est jalonnée de rencontres sans lendemain, de projets évoqués et non aboutis. Vanessa Paradis a croisé la route de plusieurs réalisateurs qui lui auraient sans doute donné une autre image, mais ces projets sont restés sans suite.
Après *Noce blanche*, Doillon lui propose le rôle qu'a tenu Clotilde Courau dans *Le Petit Criminel,* mais, ironie du sort, Vanessa Paradis a rendez-vous avec son vieil « ennemi » Serge Gainsbourg (Jane avait quitté Serge en 1980 pour vivre avec Jacques Doillon), pour enregistrer son second album. On peut toujours imaginer la vedette du Top 50 se transformer en égérie du cinéma d'auteur…
Au début des années quatre-vingt-dix, elle rencontre le réalisateur américain John Boorman (*Délivrance*, *Zardoz*, *Excalibur*…), mais rien ne naîtra de cette rencontre qui avait été arrangée, et non désirée par le réalisateur. On évoquera aussi un film avec Bertrand Blier… Vanessa Paradis devait tourner *Nathalie* d'Anne Fontaine, qu'elle n'a pas pu faire à cause de sa seconde grossesse. Elle a aussi auditionné pour un rôle dans le film de Roman Polanski, *La Neuvième Porte*, dans lequel a joué Johnny Depp, mais pour lequel elle n'a pas été retenue. Plus récemment, Vanessa Paradis avait signé pour tourner *La Malédiction du gitan* sous la direction du chorégraphe Philippe Découflé, aux côtés d'Harvey Keitel et Johnny Depp, mais le projet est tombé à l'eau par manque de financement.

La palme des rendez-vous manqués revient à *L'Homme qui tua Don Quichotte* de Terry Gilliam, une adaptation assez libre et fantasque du roman de Cervantès. Vanessa Paradis devait jouer la fiancée de Sancho Pança (Johnny Depp). Malheureusement, les problèmes de dos de Jean Rochefort (qui devait tenir le rôle de Don Quichotte) et d'autres calamités ont obligé les producteurs et le réalisateur à abandonner le film. On peut en avoir un aperçu grâce au formidable documentaire *Lost In La Mancha*, qui retrace, comme un journal, l'échec de ce film poursuivi par le sort.

P

PAGNY (FLORENT)

Acteur et chanteur français
« Vanessa, quand je l'ai connue, elle avait seize ans et pas le moral. Elle est partie à dix-neuf et je crois que je lui ai réappris à sourire. Elle, elle m'avait donné un charisme incroyable. C'est une fille magique, exceptionnelle, une martienne » (Florent Pagny, *Le Parisien*, 9 juin 1992).
En décembre 1988, Vanessa Paradis part à Orlando, en Floride, enregistrer un *Sacrée Soirée* « spécial Disney ». Elle y fait la connaissance de Florent Pagny, de dix ans son aîné. Elle trouve du réconfort auprès de ce chanteur « rebelle », drôle et grande gueule.
Florent Pagny est né à Châlon-sur-Saône le 6 novembre 1962. Sa mère, passionnée d'opérette et de chanson française, fait naître chez son fils un désir de carrière artistique. Il monte à Paris à l'âge de quinze ans pour tenter sa chance. Après des années de galère – il loge dans un premier temps à l'armée du salut, exerce mille et un jobs pour survivre –, son tempérament, sa « gueule », sa jeunesse et sa fougue lui ouvrent les portes du cinéma. C'est l'agent Dominique Besnehard, rencontré au début des années quatre-vingt dans un bar gay du Marais où Florent est serveur, qui lui décroche sa première audition. Besnehard cherche un acteur passionné d'opéra pour le film *Diva*, que va tourner Jean-Jacques Beinex. Florent Pagny échoue cette fois-ci, mais décroche de petits

RÔLE

> **J'AIME LES RÔLES INTENSES, QUI LAISSENT BEAUCOUP DE TRACES, AUSSI POSITIVES QUE NÉGATIVES OU TRISTES. JE FAIS PEU DE FILMS ET QUAND J'EN FAIS, J'AI VRAIMENT ENVIE DE FAIRE DES VOYAGES QUI M'EMMÈNENT DANS UN AUTRE UNIVERS. C'EST UN BESOIN D'ÊTRE ASSEZ EXTRÊME.**
>
> **VANESSA PARADIS**

rôles dans *La Balance*, *Fort Saganne*, *Les Fauves*… Il joue même le rôle de Michel Drucker dans *La Chaîne*, une adaptation du livre du présentateur télé. Malgré une nature d'acteur évidente, c'est la chanson qui en fait une star.

En 1987, son premier single, "N'importe quoi", tirade contre la drogue – un sujet qu'il a bien connu quelques années plus tôt – coécrit avec la cinéaste Marion Vernoux, se classe en tête du Top 50 et lui vaut une Victoire de la musique. À peine un an plus tard, il rencontre Vanessa Paradis. Coup de foudre instantané entre le faux dur à cuire et la jeune fille pressée de grandir. Elle quitte sa famille, un peu inquiète, il faut bien l'avouer, et s'installe avec le chanteur dans un grand loft du VIe arrondissement de Paris. Florent Pagny abandonne son pavillon de Nogent-sur-Marne et ses deux potes. Il lui fait découvrir sa bande, le rock, les motos… et aussi la fête et la nuit. « Je vis avec un garçon qui a onze ans de plus que moi. S'il m'a choisie, moi, à seize ans, c'est parce que je suis comme je suis. Différente, mais authentique, je dis toujours ce que je pense. J'adore les vêtements sexy et Alaïa, ne croyez pas qu'il y a de la provocation de ma part. Me marier ? Pourquoi pas ? Mais ce sera plus pour faire une immense fête que pour la valeur du papier auquel je ne crois absolument pas. » Elle poursuit : « Si nous n'avions pas été célèbres tous les deux, nous ne nous serions jamais rencontrés. Nous nous aimons pour plein de raisons dont la même envie de chanter et de jouer la comédie. Cet amour est un événement très fort. Nous voulons construire quelque chose de solide, nous acheter un appartement, vivre ensemble et plus tard, avoir des enfants. Il m'a apporté un équilibre et certains de mes problèmes me semblent désormais bien lointains » (*Télé 7 Jours*, 21 octobre 1989).

Leur histoire dure trois hivers. La raison officielle de leur séparation, c'est l'acharnement de la presse sur leur couple. « Vivre à deux quand on est connu, c'est pratiquement impossible. On a vécu trois ans. Royal ! Mais cela fait aussi trois ans que je n'ai pas été libre dans ma vie quotidienne. Vanessa est une nana géniale, c'est une des femmes les plus faciles à vivre que j'aie rencontré, mais c'est tout ce qu'il y a autour. Dès qu'elle met un pied dehors, c'est un enfer. C'est quand même un peu dommage d'arrêter de s'aimer à cause du métier… Mais je ne vais pas aller aux États-Unis porter les valises de Vanessa. Moi, ce que j'ai à faire, c'est ici, et elle, sa vie est là-bas. C'est même moi qui lui ai expliqué qu'il fallait qu'elle se prépare à s'envoler, cela me paraissait logique. Et ça, tu ne l'empêches pas, ou alors, tu es le roi des cons. »

Elle préfère rester muette sur la fin de leur aventure : « Quand j'ai commencé à sortir avec Florent Pagny, nous avions décidé de nous cacher. Nous avons été harcelés. Nous avons cessé de nous cacher, cela ne s'est pas calmé. Il a choisi d'en parler, moi pas. Cela n'a pas été plus simple, pour l'un comme pour l'autre… alors. (…) Il a sans doute besoin de cela. Avant sa sortie, il m'a envoyé son nouveau disque. Quand je l'ai écouté, j'ai pleuré. Florent et moi, c'est une belle histoire. Il n'y a rien eu de laid entre nous, nous nous voyons volontiers. Florent sera toujours important dans ma vie » (*Télé 7 Jours*, 12 sept 1992).

Florent Pagny encaisse durement le choc : on lui diagnostique un ulcère à l'estomac. En plus de sa rupture, il doit faire face à de sérieux problèmes financiers : la bande de potes qu'il a longtemps entretenue lui a coûté cher. Alors il fait le vide autour de lui, se sépare de son producteur et ami Gérard Louvin (qui était à l'époque le producteur de l'émission *Sacrée Soirée*) et ne garde que les très proches : Philippe Starck, sa famille et son bull-terrier Ganja. « J'ai vécu vingt-sept années de dèche, deux de flambe et cinq de galère » (*Salut*, février 1998).

Sa traversée du désert s'étale sur toute la première moitié des années 90, puis Pagny revient, notamment grâce à Jean-Jacques Goldman qui écrit pour lui l'album *Rester vrai*. Sa vie privée commence à aller mieux. Florent a rencontré Azucena, un mannequin argentin qui lui donne deux beaux enfants et un nouveau pays d'adoption : l'Argentine. Sa carrière est relancée, sa vie personnelle stabilisée. À la fin des années quatre-vingt-dix, Florent Pagny est devenu l'un des poids lourds de la variété française, héritier d'un Johnny ou d'un Sardou. « Il a la carte du show-business. Et aussi celle de " Ça me bassine, je me retire sur mes hectares " », dit son parolier Lionel Florence. Toujours poursuivi par le fisc, il attire les sarcasmes avec " Ma liberté de penser " qui reste un monument de cynisme. En 2004, Pagny revient avec *Baryton*, un album « bel canto » où il reprend de grands airs classiques de sa voix de... ténor ! « S'il y a bien un successeur à Hallyday, c'est lui », a déclaré Pascal Obispo.

PAIN (DIDIER)

« Didier Pain est le frère de ma mère, mon parrain, celui par qui tout a commencé. Il est comédien. Quand j'étais petite, il m'emmenait sur le tournage. Un jour, dans un studio, il m'a présenté son ami Franck Langolff. Je lui ai demandé : " Quand m'écriras-tu une chanson ? " Quelque temps plus tard, il composait " Joe le Taxi "... Didier est alors devenu mon producteur, il m'a beaucoup protégé et a accompagné ma carrière pendant mes huit premières années » (*Elle*, décembre 2002).

Didier Pain a un physique de bon vivant : visage rond, moustache fournie, œil pétillant et environ cent dix kilos sur la balance. Il a exercé mille métiers, a travaillé quelques années dans la confection avant de devenir acteur. « Le grand-père de Vanessa, mon père, donc, avait certes un net côté saltimbanque, mais il était tout de même d'abord médecin. Et pas dans le genre Knock ! Moi, j'ai fait mille boulots. J'étais fabricant de jupes quand j'ai un jour accompagné une de mes deux sœurs à son cours de théâtre. Ce fut le coup de foudre » (*Le Parisien*, 14 juillet 1993).

EXTRÊME

« JE NE FAIS PAS ASSEZ DE FILMS, POUR EN FAIRE QUI SOIENT CALMES, UN PEU TIÈDES. J'AI BESOIN D'EXTRÊME... »

VANESSA PARADIS

Il est le premier à faire miroiter les merveilles du métier de saltimbanque à sa nièce qu'il invite parfois sur des tournages ou les scènes de théâtre où il se produit. Didier Pain est apparu dans *Les Visiteurs*, *Jean de Florette*, *Marche à l'ombre* et *Mes meilleurs copains* (où il incarne le truculent manager sans scrupule Lou Bill Baker). Depuis le milieu des années quatre-vingt-dix, il a cédé son rôle auprès de sa nièce à Patrick Péan, manager et ami d'Étienne Daho.

POLLUX, LE MANÈGE ENCHANTÉ

Film d'animation sorti en 2005.

Vanessa Paradis prête sa voix au personnage de Margotte dans cette adaptation moderne du *Manège enchanté*, un programme qui fit le bonheur des enfants des années soixante et soixante-dix en France. Elle est entourée de comédiens et chanteurs d'horizons divers : Henri Salvador, Dany Boon, Valérie Lemercier, Gérard Jugnot...

À noter que dans la version originale, c'est Kylie Minogue qui fait la voix de Margotte…

POP (IGGY)

Le 5 février 2000, la chaîne Canal+ diffuse « Nightclubbing in Paris », un concert privé donné par Iggy Pop à l'occasion de la sortie de son album de crooner, *Avenue B*, où il reprend quelques standards américains. L'ex-Stooges en profite pour inviter ses amis Chrissie Hynde, et Johnny Depp à la guitare, mais aussi Vanessa Paradis, avec qui il interprète deux titres, dont le très beau " You Go To My Head ".

R

RÉCOMPENSES

En 1990, Vanessa Paradis, qui était victime d'un rejet à la fois médiatique et public, reçoit trois récompenses cruciales : le Prix Romy Schneider, le César de la « Révélation féminine » pour *Noce Blanche* et dans la foulée, elle remporte le prix de la « Meilleure Interprète féminine » aux Victoires de la musique de 1990.
« C'était trop. J'avais le sentiment qu'il y avait quelque chose de faux là-dedans. Cette reconnaissance soudaine, exagérée... Ce passage sans transition de la gamine qu'on détestait à l'enfant star. Comme s'il avait été obligatoire de trouver que tout ce que je faisais était formidable. On m'encensait après m'avoir traînée dans la boue. Je ne méritais ni cet excès d'honneurs, ni cette indignité » (*Paris-Match*, 3 janvier 1991).

REJET

Le 26 janvier 1988, Vanessa Paradis monte sur scène au Midem de Cannes pour interpréter " Joe le Taxi ". Le titre est sorti il y a un peu plus de six mois, il est passé en boucle sur toutes les radios de France et d'Europe, la chanteuse a fait la une de tous les magazines, en bref, il y a saturation. Dès les premières notes, la salle, remplie de professionnels hostiles, la hue. La chanteuse reste sur scène, ravale ses larmes et termine la chanson en tapant du pied la mesure, incapable d'entendre sa voix sous les cris et sifflements du public. « Ils en avaient assez de " Joe

COMBAT

« IL FAUT S'ACCROCHER À LA VIE. QUAND LA CHANCE PASSE DEVANT VOUS, IL FAUT L'ATTRAPER AU VOL, IL FAUT SE BATTRE POUR LA CONSERVER, IL FAUT TRAVAILLER POUR S'AMÉLIORER. CETTE VIE PEUT RESSEMBLER À UN CHAMP DE BATAILLE. »

VANESSA PARADIS

le Taxi ", mais ils ne comprenaient pas que moi aussi j'en avais marre de " Joe le Taxi " » (*Sky UK*, 1991). Didier Pain la récupère à la sortie de scène et l'emmène dans les loges, répétant à son oreille : « Ne craque pas, ne craque pas ! ». Didier Pain, Guesh Patti et quelques autres la réconfortent. « *Je lui ai dit qu'elle pouvait arrêter quand elle voulait.* Si elle souffrait, elle n'avait qu'à dire stop », dira son manager (*Rolling Stone* France, 1990).

Mais le métier lui plaît trop pour qu'elle songe à s'arrêter. Elle se fait un honneur de ne pas « démissionner » et persévère. « J'avais quatorze ans et je n'étais pas encore " finie ". Quatre ou cinq mois après la sortie de " Joe le Taxi ", ma vie est devenue un cauchemar. J'entendais des paroles haineuses à mon sujet. La plupart du temps, c'était des gens de mon âge, mais il y avait aussi des adultes. Je pense avoir compris ce que ressentaient les femmes qui avaient eu des amants allemands dans les années quarante. Quand les gens leur jetaient des pierres et leur rasaient la tête. J'étais devenue paranoïaque et complètement effrayée par les autres. C'était horrible. » Toutes proportions gardées, elle est effectivement peu appréciée. Son succès fait des jaloux. Son ascension a sans doute été trop rapide, trop facile. L'année scolaire 1988 est douloureuse : trois mois après sa rentrée en première littéraire, en décembre de la même année, elle quitte le système scolaire et se lance dans la « vraie vie ».

Quand elle s'installe avec Florent Pagny, elle retrouvera d'" aimables " graffitis sur le mur de son immeuble. Elle sera aussi agressée par des fans des New Kids on the Block sur un trottoir de Paris… Il lui faudra la reconnaissance de symboles forts comme Gainsbourg et Chanel, plus un exil à New York, pour que son statut change enfin et qu'on lui montre plus de considération artistique.

RODA-GIL (ÉTIENNE)

Auteur, poète et romancier français d'origine espagnole.
"Joe le Taxi", c'est lui. *Cadillac* de Johnny, "Californie" de Julien Clerc, "Alexandrie Alexandra" de Claude François et "Le Lac Majeur" de Mort Shuman, c'est encore lui.
Lui, c'est-à-dire Étienne Roda-Gil, un authentique poète, à en croire tous ceux qui l'ont approché. Fils d'un ouvrier catalan qui avait fui le franquisme, Roda-Gil grandit en France et, refusant de participer à la guerre d'Algérie, échoue à Londres. Il découvre les Beatles, Eric Burdon, le chanteur des Animals, mais aussi l'idéologie politique de la gauche, voire de la gauche anarchiste.
Il retourne à Paris et rencontre Julien Clerc, alors étudiant en lettres. C'est le début d'une riche collaboration entre les deux hommes. Roda-Gil lui offre quelques-unes de ses plus belles chansons. Après le décès de sa compagne Nadine, au début des années quatre-vingt-dix, Roda-Gil tire un bilan assez noir de sa vie. « Si on regarde de façon très sérieuse tout ce que j'ai écrit, ça ne fait que raconter ma pauvre vie », avouait-il dans une interview pour France 5 quelques mois avant sa mort. « Dans l'écriture d'Étienne, raconte Juliette Gréco, il y a une immense courtoisie. » Et aussi une grande liberté. « J'écrivais ce que je voulais. Je ne tenais absolument pas compte de l'idéologie dominante, de la mode. J'avais affaire à des artistes véritables qui avaient un grain de voix véritable. Je n'avais pas peur du rejet par un public qui n'était pas autre chose que moi-même multiplié. » C'est en écrivant le disque de Sophie Marceau,

loin d'être un chef-d'œuvre, qu'il rencontre Vanessa Paradis. Elle est la nièce d'une de ses connaissances, Didier Pain.
« Le soir où je l'ai rencontrée, elle m'a demandé d'écrire quelque chose pour elle. Je ne trouvais pas ça raisonnable. Personne n'a le droit de confisquer son enfance à une petite fille. Si je me suis mis à ma table, c'est que je pensais qu'elle avait la tête et le ventre pour ce métier. Ce n'était pas le vedettariat qui la branchait, non, plutôt un truc avec la musique. Ça sentait l'artiste. Aucune certitude mais quelques indices : des silences infiniment éloquents – des choses de cet ordre. Pour me convaincre, elle m'a chantonné quelque chose. Il faut bien dire qu'elle a, naturellement, un drôle de grain de voix » (*Globe Hebdo*, 30 mars 1993). Pendant les sessions d'enregistrement, Roda-Gil lui raconte ses voyages, ses engagements politiques, Alice au pays des merveilles avec qui il lui trouve des ressemblances. « Vanessa n'est pas Lolita. Elle est plus proche de Queneau et de Lewis Carroll que de Nabokov. »
Roda-Gil terminera sa vie dans la douleur, enfermé dans sa stature d'auteur à succès, de romancier incompris et de poète « anar ». Il se réfugie dans ses repaires de nuit, *La Closerie des lilas* à Montparnasse, où il retrouve son copain Renaud. Ensemble, ils refont le monde au fond d'une bouteille. La dernière bonne action de Roda-Gil fut de présenter à Renaud, alors au fond du trou, sa future compagne, Romane. Il meurt d'une hémorragie cérébrale le 1er juin 2004, et laisse son œuvre en héritage : ses chansons passent toujours à la radio.

T

" TANDEM "

Premier single extrait de *Variations sur le même t'aime* (1990)
" Tandem " marque une étape importante dans la carrière de Vanessa Paradis. C'est la première chanson extraite de l'album que lui ont écrit Gainsbourg et Langolff, la première qui parle vraiment d'elle, de son statut si particulier de star de dix-sept ans : 'On m'dévisage / On m'envisage / Comme une fille que je ne suis pas / Je m'exile / Trop fragile / Mille et une nuits m'éloignent de moi.'
Vanessa veut montrer qu'elle a grandi, qu'elle n'est pas plus une gamine qu'un singe savant. C'est Mondino qui réalise la vidéo, très sensuelle, qui casse son image de minette du Top 50. Séduisante et ensorcelante, la Vanessa Paradis de " Tandem " passe en boucle sur MTV Europe (voir aussi Mondino, p. 73).

TÉLÉVISION

Vanessa Paradis a grandi sous l'œil des caméras. Son histoire est chargée de moments très forts qui ont marqué la mémoire des téléspectateurs.
Sa toute première apparition à la télévision date de 1980 : à six ans, elle monte sur la scène du Théâtre de l'Empire pour chanter " Émilie Jolie ", dans l'émission *L'École des fans*. Ses débuts de chanteuse sont assez réussis. Les performances des « prodiges »

ont plus souvent ressemblé à un jeu de massacre ou à un numéro de singe savant, qu'à l'éclosion d'un talent. Mais sa version de la comédie musicale de Philippe Chatel sonne juste et sa voix est assurée. Dans le public, la famille, mi-gênée, mi-ravie, regarde cette enfant blonde, un bandana rouge autour du cou, chanter avec détermination. Quand le maître de cérémonie, Jacques Martin, lui demande ce qu'elle souhaiterait, elle répond, du tac au tac, « un petit frère ou une petite sœur ». Son vœu sera exaucé. Dix ans plus tard, le 6 janvier 1991, elle sera l'invitée vedette de l'émission.

En 1990, lorsqu'elle reçoit le César de la « Révélation féminine » des mains de Serge Gainsbourg, elle fond en larmes devant la France entière. La jeune fille, toute frêle et émouvante dans sa robe Alaïa, tient sa revanche après avoir été durement critiquée. Des larmes, elle en versera la même année, en montant sur scène pour recevoir sa Victoire de la musique.

On se souvient également de sa « boulette » en 1991, lorsqu'elle annonce que le César du meilleur espoir féminin est attribué à Judith Godrèche, alors qu'il revient à Judith Henry.

Autre moment fort : son interprétation du " Tourbillon de la vie ", lors du festival de Cannes, en 1995. Pieds nus dans une longue robe blanche, elle monte sur la scène du Palais des festivals pour interpréter a cappella cette chanson en hommage à Jeanne Moreau, présente dans la salle. Avec le plus grand naturel, l'actrice se lève, et vient lui prendre la main pour interpréter à deux voix la chanson de *Jules et Jim*. C'est une image émouvante (et hautement symbolique) que ce passage de flambeau, entre deux générations, retransmis à la télévision.

U

UN AMOUR DE SORCIÈRE

Film de René Manzor sorti en 1997.
« Ce film est arrivé au bon moment. J'avais enchaîné beaucoup de choses très riches en émotion et j'ignorais ce dont j'avais envie ou besoin. Par peur de me tromper, je refusais tout » (*Ciné Revue*, 20 mars 1997).
Après *Elisa*, Vanessa Paradis connaît une phase de dépression, sans films, ni musique. « J'ai connu un grand passage à vide pendant la moitié d'une année. C'est la première fois depuis que j'ai quatorze ans et c'est effroyable » (*France-Soir*, 19 mars 1997). Le goût de jouer et chanter revient avec un concert privé pour Canal+ et le tournage du quatrième film de René Manzor. *Un amour de sorcière* est une comédie fantastique, familiale et charmante. Ses partenaires sont Jeanne Moreau, qu'elle admire et à qui elle a rendu un bel hommage à Cannes en 1995, en chantant " Le Tourbillon de la vie ", et Jean Reno, qu'elle avait croisé quelques années plus tôt à Los Angeles, lors de son exil américain.
L'histoire est simple : la fée Morgane (Vanessa Paradis) veut faire de son tout jeune fils Arthur, un mortel afin qu'il échappe au funeste destin promis par Molok, son diabolique cousin (interprété par Jean Reno). Pour annuler cette malédiction, elle choisit, conseillée par sa grand-mère (Jeanne Moreau), de lui substituer un humain (Gil Bellows). Malheureusement, la jeune fée tombe sous le charme du mortel…
René Manzor (le frère du chanteur Francis Lalanne) est fasciné par

l'enfance et l'a bien montré dans ses différents films (*Le Passage*, *3615 Père Noël*). Sa volonté de faire un film familial dans la grande tradition du cinéma américain des années quarante et cinquante (comme *L'Impossible Monsieur Bébé* de George Cukor), souffre malheureusement du manque de magie. Le scénario est creux et les effets spéciaux souffreteux en font un fil assez pauvre, qui vient s'ajouter à une longue liste de films de série B.

UNE CHANCE SUR DEUX

Film de Patrice Leconte sorti en 1998.
Au milieu des années quatre-vingt-dix, Vanessa Paradis délaisse la chanson pour se tourner vers le cinéma. Elle croise la route de Patrice Leconte (voir p. 64) qui orchestre le grand retour au cinéma des deux plus grandes stars françaises : Belmondo et Delon, qui ne s'étaient plus donné la réplique depuis *Borsalino*, vingt-huit ans plus tôt. Le réalisateur jette entre les deux monstres sacrés Vanessa Paradis dans le rôle d'Alice, leur possible fille (la mère de cette dernière, décédée, n'ayant jamais révélé lequel des deux était le père). La gamine est une voleuse de voitures de luxe, une emmerdeuse qui recherche désespérément l'amour de ces deux pères potentiels. Cascades, explosions, crissements de pneus, mafia russe, le film est un pur divertissement. Mais voilà, même si Leconte filme avec jubilation ces retrouvailles pleines d'action et d'autodérision, la sauce ne prend pas et le public boude cette comédie charmante et légère. L'échec est très douloureux pour le réalisateur. « J'en ai horriblement souffert, car j'avais sur ce film un sentiment de certitude absolue. Pour la première fois, un triomphe me paraissait inévitable, et son échec me fit tomber de très haut. » Il refuse d'aller à Cannes, où il est pourtant invité à siéger parmi le jury. « Dans l'état où j'étais, je n'étais pas capable d'aller affronter le milieu du cinéma à Cannes. Sortant d'un terrible échec, de quel droit irais-je juger le travail des autres ? »

V

VANESSA PARADIS

Troisième album de Vanessa Paradis, sorti en 1992.

Natural High – I'm Waiting For The Man – Silver And Gold – Be My Baby – Lonely Rainbows – Sunday Mondays – Your Love Has Got A Handle On My Mind – The Future Song – Paradis – Just As Long As You Are There – Gotta Have It

« Je cherchais quelqu'un pour produire mon album. Lenny était parfait pour ça. C'est un musicien extraordinaire. Sa façon de composer est merveilleuse. Et les textes, c'est exactement ce que je ressens. C'est agréable de travailler avec quelqu'un qui vous comprend. La complicité et la compréhension étaient là » (MTV, 1992).

Vanessa s'installe à New York, dans un appartement donnant sur Central Park. « Nous avons passé beaucoup de temps ensemble, pour apprendre à nous connaître. Nous devions faire un album ensemble, donc nous étions un peu obligés de se voir. Mais je n'ai jamais eu besoin de lui expliquer comment je fonctionnais, il le sentait tout simplement. »

Les sessions ont lieu à New York. Lenny Kravitz la fait travailler

IMAGE

« JE NE ME SUIS JAMAIS CONSIDÉRÉE COMME REBELLE. JE PENSE QUE CELA EST RIDICULE. SI J'AI PU PROVOQUER, ÇA N'ÉTAIT PAS INTENTIONNEL. JOHNNY EST PAREIL : S'IL A PROVOQUÉ QUELQU'UN, IL A TOUJOURS UNE EXCELLENTE RAISON DERRIÈRE QUI EXPLIQUE CETTE ATTITUDE... »

VANESSA PARADIS

d'arrache-pied : « C'était très dur. J'apprenais l'anglais, je travaillais avec un producteur et un ingénieur américains à New York, et j'étais loin de mes racines. » L'album porte la marque de ces rencontres : une production très seventies, qui est une sorte de *Reader's Digest* du meilleur de ces années-là (Curtis Mayfield, Tamla Motown – le label des Supremes, Marvin Gaye et Jackson 5–, et les Beatles). Si la production et les mélodies sont soignées (quoique vraiment évidentes), la naïveté des textes insulte l'intelligence de la chanteuse et de son public. À grands renforts de " Baby, Baby ", elle se faufile dans un moule qui n'est pas le sien ; car elle n'a ni le vécu, ni la voix pour chanter de la soul, et surtout, comme le remarque justement Gilles Medioni de *L'Express*, elle n'en a pas besoin. Sa personnalité est suffisamment forte et particulière pour ne pas revendiquer de modèles, plus déplacés qu'imposants. Du haut de ses dix-neufs ans – et malgré toute son expérience de la « marge » –, elle reprend aussi " Waiting For My Man " de Lou Reed, l'histoire très glauque d'un junkie qui attend la venue de son dealer... Kravitz a eu l'idée, douteuse, de transformer ce classique en une gentille histoire d'amour à sens unique, où la jeune fille attend son amoureux... Ce qui n'était pas forcément une bonne idée. Autre étrange hommage : une ode à Lenny Kravitz où elle clame son amour pour lui, sans espoir de retour : « Dans tous les magazines à scandales français, il y a des histoires sur nous deux. Alors on a

préféré écrire un truc pour leur donner de la matière. » Dans le texte, cela donne : 'He's so funky he's looking god/And he does it like a good man should/And I would love him if only I could/But his heart is like a piece of wood.' Il n'est pas nécessaire de traduire.
Elle a aujourd'hui l'honnêteté de reconnaître que, malgré ses qualités, ce disque ne lui ressemblait pas tellement...

VANESSA PARADIS AU ZÉNITH

CD et DVD parus chez Polydor en 2001.

Intro – L'Eau et le Vin – Sunday Mondays – Dans mon café – Walk On The Wild Side – Dis-lui toi que je t'aime – L'Eau à la bouche – Joe le Taxi – Saint-Germain – Requiem pour un con – Que fait la vie ? – La La La Song – This Will Be Our Year – Pourtant – Tandem – Commando – Marilyn & John – Bliss – Les Acrobates

En 2001, Vanessa Paradis sort le second *live* de sa carrière. Résumé de sa tournée Bliss, *Au Zénith* est meilleur que le *Live* de 1993. En dix ans, l'artiste a musclé sa voix et son répertoire. Le timbre est plus grave, plus assuré aussi. Au menu de cette tournée de plusieurs mois, une bonne partie de son dernier album en date, mais aussi quelques pioches intéressantes dans sa carrière de quinze ans. De *M & J* : "Joe le Taxi", bien sûr, et "Marilyn & John" ; de *Variations sur le même t'aime* : "Tandem", "Dis-lui toi que je t'aime" et la reprise de Lou Reed, "Walk On The Wild Side", ainsi qu'un unique extrait de son album en anglais ("Sunday Mondays").

La chanteuse reprend aussi deux chansons de Serge Gainsbourg : " L'Eau à la bouche " et " Requiem pour un con ". Dernier hommage à de grands disparus : " This Will Be Our Year " des Zombies.

Musicalement, c'est un disque riche. Le groupe qui l'accompagne est composé de sept musiciens (dont des cuivres) dirigés par Steve Nieve, qui a longtemps joué dans les Attractions d'Elvis Costello et aussi collaboré avec Alain Chamfort. Chaque chanson est l'occasion d'exploiter un nouveau genre, une nouvelle esthétique : rock (" Tandem " et " Commando "), quasiment lounge sur le bossa " Saint-Germain ", cocotte gouailleuse quand elle reprend " L'Eau à la bouche ", et même soul (" La La La Song ") : Vanessa s'essaie à tous les registres et le charme l'emporte.

VARIATIONS SUR LE MÊME T'AIME

Album écrit et composé par Serge Gainsbourg et Franck Langolff, sorti en 1990.

L'Amour à deux – Dis-lui toi que je t'aime – L'Amour en soi – La Vague à l'âme – Ophélie – Flagrant Délire – Tandem – Au charme non plus – Variations sur le même t'aime – Amours jamais – Ardoise – Walk On The Wild Side

Roda-Gil, endeuillé par la mort de sa compagne Nadine, n'avait « pas l'énergie nécessaire pour prendre en main la charge titanesque de boulot que représente un second *M&J* » (*Rolling Stone* France, 1990). À la place, c'est Gainsbourg, sollicité pour une chanson, qui écrira finalement l'album tout entier, convaincu par la qualité des compositions de Franck Langolff. Serge Gainsbourg, conformément à ses habitudes, se cloître pendant huit jours à l'hôtel Raphaël et tente de cerner la personnalité de l'adolescente. « J'ai sué sang et eau pour sonder son âme, pour trouver mieux que des mots, des rythmes rares. J'ai failli avoir une crise cardiaque. J'ai failli en crever », avour-t-il au magazine *Rolling Stone* France, en 1990.

TRAC

« LE TRAC, QUAND JE CHANTE, COMMENCE DÈS LE DÉBUT DU SPECTACLE. PUIS AU BOUT DE DEUX OU TROIS CHANSONS, ÇA SE DISSIPE, ÇA DISPARAÎT POUR LAISSER LA PLACE AU PLAISIR. »

VANESSA PARADIS

D'où la célèbre phrase, objet de multiples interprétations : « Paradis, c'est l'enfer. »

L'ambiance est plus rock que sur *M&J*. Guitares, blues..., Vanessa voulait un son et des paroles plus en rapport avec son âge et sa vie. Langolff lui compose " L'Amour en soi " et " Tandem ", deux chansons où les guitares dominent. Gainsbourg a imaginé pour cette grande amoureuse un album d'allitérations en « m ». " Dis-lui toi que je t'aime ", qui parle du trio amoureux, " L'Amour en soi ", " L'Amour à deux " et " Tandem ", qui dresse le portrait d'une jeune fille hyper médiatisée.

On ne retrouve pas de traces de Gainsbarre, provocateur, qui écrivait " Les Sucettes à l'anis ". Exit les propos à double sens pour vieux messieurs lubriques. Car malgré tout le respect et l'admiration qu'elle a pour Gainsbourg, elle refuse deux chansons ambiguës. Elle ne veut pas être le joli pantin de Gainsbourg, et elle a assez d'audace et d'intelligence pour le dire.

Elle reprend aussi " Walk On The Wild Side " de Lou Reed, pour le plaisir ; la chanson qui raconte le New York glauque des années soixante-dix, avec son cortège de prostituées, de maquereaux, de dealers et de travestis, n'est pas la première image qui vient à l'esprit quand on pense à Vanessa Paradis. Peu importe, elle a dix-sept ans, elle est amoureuse, et connaît elle aussi la « wild side » ou plutôt la « night life » de Paris.

VOICI

Vanessa Paradis est « née » en même temps que *Voici*, premier tabloïd à la française. Normal, donc, que cet hebdomadaire fasse de la jeune femme une de ses cibles préférées. Ses fréquentations font vendre. La presse guettera la moindre de ses sorties avec Florent Pagny, puis ses escapades dans les Caraïbes et à Roland-Garros avec Lenny Kravitz, sa rencontre avec Johnny Depp, sa première grossesse, ses vacances, ses enfants…
Excédé, son fiancé Florent Pagny écrit en 1990 : 'Presse qui roule / Me casse les couilles…' Le titre lui vaut la sanction des médias, qui le « boycottent » pendant deux années. Johnny Depp, qui exècre tout autant qu'elle les paparazzi, porte systématiquement plainte. En 2002, l'ancien rédacteur en chef de *Voici*, Jacques Colin, racontait comment il avait conclu une trêve avec lui, après que l'acteur américain lui ait clairement signifié qu'il n'hésiterait pas à tout faire pour les empêcher de publier des photos de ses enfants : « J'avais été sensible au désarroi de jeune papa du comédien américain. (…) Dans une interview qu'il accorda quelques mois plus tard au magazine américain *Esquire*, il revenait sur cet épisode [quand *Voici* avait publié en une des photos du couple et de Lily-Rose, *ndla*], expliquant qu'il existait en France « *a nasty magazine* » (un méchant magazine) qui lui causait constamment des soucis. Il relatait brièvement notre conversation, expliquant que la publication des photos de sa fille lui avait quasiment fait péter les plombs *("I went ballistic")*. »
Pour chaque photo volée, Vanessa assigne en justice et reverse

de A à Z

les compensations à l'association « Rêves », dont elle est la marraine.

Sources des citations :
Arte-tv.com, France 2, Cinemovies.fr, Lematin.ch, Elle, Construire, Nova Mag, Marie-Claire, Télé Star, Paris-Match, OK Magazine, Le Figaro Madame Best, Elle, Femme Actuelle, Le Figaro Magazine, France soir, Glamour, Globe Hebdo, Les Inrockuptibles, Paris-Match, Le Parisien, Rock & Folk, Rolling Stone France, Télé 7 Jours, Télé Star, Sky Uk, The Face
Serge Gainsbourg, le maître chanteur d'Éric et Christian Cazalot (Collection Portrait Musicbook, 2004)
Voilà !, 1663 jours dans les coulisses de Voici de Jacques Colin (Ramsay, 2002)

CHRONOLOGIE

22 décembre 1972

Vanessa Chantal Paradis naît à Saint-Maur-des-Fossés. Elle est le premier enfant de Corinne et André Paradis.

3 mai 1980

Grâce à son oncle, qui connaît le pianiste de l'émission, Vanessa passe à *L'École des fans* de Jacques Martin.

1985

Vanessa enregistre avec les Forbans " La Magie des surprises parties ". Le titre n'est pas commercialisé, il le sera deux ans plus tard, après le succès de " Joe le Taxi ".

Avril 1987

Sortie de son premier 45 tours " Joe le Taxi ", qui se vend à 2,5 millions d'exemplaires.

Novembre 1987

Sortie de son second single " Manolo Manolete ", une relative déception après le carton de " Joe le Taxi ".

26 janvier 1988

Sur la scène du Midem de Cannes, son interprétation de " Joe le Taxi " est sifflée par le public de professionnels.

Hiver 1988

" Joe le Taxi " est en tête des charts anglais. Vanessa Paradis assure la promo à Londres et passe à *Top Of The Pops*, émission de variétés mythique.

Juin 1988

Sortie de son troisième single, " Marilyn & John ".
L'album *M&J*, composé par Langolff et Roda-Gil, paraît en août.

Septembre 1988

Elle fait sa rentrée en première A3 (littéraire),
au lycée de Fontenay-sous-Bois.

Novembre 1988

Sortie de " Maxou ", son quatrième 45 tours,
un hommage à l'acteur James Dean.

Décembre 1988

Vanessa Paradis a seize ans, elle quitte le lycée ;
pendant l'enregistrement d'une *Sacrée Soirée* « spécial Disney »,
elle rencontre le chanteur et comédien Florent Pagny.

Mars 1989

Elle fait ses débuts dans la mode et défile pour le couturier
Jean-Charles de Castelbajac ; à la fin du mois
sort son cinquième 45 tours, " Coupe coupe ".
Le clip est réalisé par Simon Kentish,
qui a aussi réalisé la vidéo de " Maxou ".

Hiver 1989

Tournage de *Noce blanche* de Jean-Claude Brisseau
à Saint-Étienne.

25 septembre 1989

" Mosquito ", sixième 45 tours extrait de *M&J*.

Novembre 1989

Sortie de *Noce blanche* de Jean-Claude Brisseau.
Presque deux millions de spectateurs voient le film.

30 janvier 1990

Sa prestation dans *Noce Blanche* est récompensée
par le Prix Romy Schneider.

Février 1990

César de la « Révélation féminine » pour *Noce blanche*
et « Interprète féminine de l'année » aux Victoires de la musique.

Mars-avril 1990

Enregistrement avec Gainsbourg et Langolff
de *Variations sur le même t'aime* au studio Guillaume Tell de Suresnes.
L'album sort à l'automne.

22 décembre 1990

Vanessa a dix-huit ans. TF1 lui offre une « carte blanche »
en seconde partie de soirée : « Vanessa, dix-huit ans, et alors… ? »

Février 1991

Victoire de la musique de « Meilleur Vidéo-clip » pour " Tandem " ;
ce même mois, Lenny Kravitz, de passage à Paris,
vient lui rendre visite en studio.

Avril 1991

Elle signe un contrat avec Chanel
pour devenir l'image du parfum Coco.

Fin mai 1991

Vanessa retrouve Lenny Kravitz après son concert parisien.
Il la convainc de venir s'installer aux États-Unis
pour enregistrer son album.

Juillet 1991

Sortie du troisième single extrait de *Variations* : " L'Amour en soi ".
Vanessa Paradis est à New York pour enregistrer son troisième album.

Janvier 1992

Vanessa s'installe trois mois à Los Angeles
pour finaliser l'enregistrement de son album en anglais.

Septembre 1992

" Be My Baby ", premier single extrait de son album en anglais,
Vanessa Paradis, qui sort quelques semaines plus tard.
La vidéo est réalisée par John Lindauer.

Décembre 1992-Mars 1993

Vanessa répète à New York,
en vue de sa tournée au printemps 1993.

Janvier 1993

" Sunday Mondays ", deuxième single de l'album *Vanessa Paradis.*

Mars 1993

Déclaration d'amour marketing : « Canal+ aime Vanessa ».

Printemps 1993

La tournée *Natural High* l'emmène dans toute la France.

Mai 1993

Commercialisation de son troisième single : " Just As Long
As You Are There ", enregistré pendant la tournée *Natural High.*

Septembre 1993

" Natural High " est le quatrième single extrait de *Vanessa Paradis*. Le clip, tourné à Los Angeles, a été réalisé par Jean-Baptiste Mondino.

21 février 1994

Sortie de son album *Live* enregistré à L'Olympia en avril 1993.

Mars 1994

Sa reprise des " Cactus " de Jacques Ductronc est le premier single extrait de son album *Live*.

Printemps 1994

Elle tourne *Elisa* avec Gérard Depardieu, sous la direction de Jean Becker.

Mai 1994

" Gotta Have It ", nouveau single tiré de son album *Live*.

Février 1995

Épisode de la fameuse « boulette ». Vanessa est arrêtée à l'aéroport de Montréal, avec trois grammes de hachisch dans son sac.

1er février 1995

Sortie d'*Elisa* de Jean Becker : succès critique et public.

17 mai 1995

Au Festival de Cannes, Vanessa rend un hommage émouvant à la comédienne Jeanne Moreau et chante " Le Tourbillon de la vie " de Rezvani.

Janvier 1996

Vanessa commence le tournage d'*Un amour de sorcière* de René Manzor ; elle a pour partenaires Jeanne Moreau et Jean Reno. Le film sort un an plus tard, mais ne rencontre pas le succès attendu.

Janvier 1998

En vacances au Québec, la chanteuse a un accident de scooter des neiges. Sa jambe est fracturée : elle est rapatriée et opérée en France.

23 mars 1998

Première d'*Une chance sur deux*, film de Patrice Leconte où elle joue aux côtés de Belmondo et Delon.

Juin 1998

Rencontre Johnny Depp à Paris.

27 mai 1999

Naissance de Lily-Rose Depp à l'Hôpital américain de Neuilly.

16 novembre 1999

Première sortie « officielle » du couple : Vanessa Paradis est aux côtés de Johnny Depp, honoré d'une étoile sur Hollywood Boulevard.

12 et 13 décembre 1999

Enregistrement du concert privé d'Iggy Pop sur Canal+ : Vanessa chante trois chansons en duo avec « l'iguane » ; Johnny est à la guitare...

Octobre 2000

Sortie du single " Commando ", rapidement suivi de son quatrième album, *Bliss*.

Printemps 2001

Vanessa Paradis est en tournée dans toute la France.

10 avril 2002

Naissance de Jack, son second enfant, à l'Hôpital américain de Neuilly.

Mars 2004

Nouveau contrat avec Chanel : Vanessa est choisie pour être l'ambassadrice de la ligne de sacs Cambon.

22 mai 2004

Vanessa Paradis chante en duo avec Charles Aznavour, à l'occasion des quatre-vingts ans du chanteur.

Août 2004

Atomik Circus des frères Poiraud : c'est le sixième film de Vanessa.

14 octobre 2004

Célèbre les vingt ans de Canal + en chantant " Les Histoires d'A " en duo avec les Rita Mitsouko.

Janvier 2005

Vanessa Paradis est deux fois à l'affiche : dans *Mon ange*, de Serge Frydman, et *Pollux*, dessin animé auquel elle prête sa voix.

DISCOGRAPHIE

ALBUMS

- *M&J* 1989
- *Variations sur le même t'aime* 1990
- *Vanessa Paradis* 1992
- *Live* 1993
- *Bliss* 2000
- *Vanessa Paradis au Zénith* 2001

DVD

- Vanessa Paradis au Zénith 2002

SINGLES

- Joe le Taxi 1987
- Manolo Manolete 1987
- Marilyn & John 1988
- Mosquito 1988
- Maxou 1988
- Coupe coupe 1988
- Tandem 1990
- Dis-lui toi que je t'aime 1990
- L'Amour en soi 1991
- Be My Baby 1992

- Sunday Mondays **1992**
- Natural High **1993**
- Just as Long as You Are There **1993**
- Les Cactus **1994**
- Commando **2000**
- Pourtant **2001**
- Que fait la vie **2001**
- L'Eau à la bouche (LIVE) **2002**
- Walk On The Wild Side (LIVE) **2002**

PARTICIPATIONS

- " Si j'étais moi ", sur l'album *Cadillac* de Johnny Hallyday (Philips) **1989**
- " Tant bien que mal ", sur *Atlantique* d'Alain Lanty (Remark) **1989**
- " Time To Get Your Loving ", sur la bande originale du film *Atlantis* d'Éric Serra (Virgin) **1991**
- Chœurs sur l'album *Elle et Louis* de Bertignac (Columbia,) **1993**
- " Don't Take Back (Your Love) " et " Voici les clés (de mes secrets) " sur *Rhythm & Love* de Gerry Deveaux **1994**
- " Chienne d'idée " sur *Passer ma route* de Maxime Le Forestier **1995**
- " Chienne d'idée " sur *Chienne de route* album live de Maxime Le Forestier **1996**
- " La lune brille pour toi " sur la bande originale du film *Le Petit Poucet* (Universal) **2002**
- " Le Tourbillon de la vie " sur *Ma chanson d'enfance* (Universal) **2001**

- " Le Tourbillon de la vie ", duo entre Vanessa Paradis et Jeanne Moreau sur *Jeanne Moreau, les succès* (1963-2003). **2003**
- " Au creux de mon épaule ", duo avec Charles Aznavour, sur *Bon anniversaire, Charles* ! (compilation au profit de l'Institut national du cancer) (Capitol, 2004) **2004**
- *Atomik Circus*, bande originale du film des Little Rabbits (Barclay, 2004) **2004**

LES ENFOIRÉS

- *Les Enfoirés chantent Starmania* **1993**
  " Les Uns contre les autres " avec Jean-Jacques Goldman et Alain Lanty
- *Les Enfoirés au Grand Rex* **1994**
  " Foule sentimentale " avec Alain Souchon et Laurent Voulzy
- *Les Enfoirés à l'Opéra Comique*
  " Dix Ans, ça suffit ! " avec Patrick Bruel
  " La Complainte du phoque en Alaska " avec Maxime Le Forestier
- *La Soirée des enfoirés 96* **1996**
  " La Ballade de Johnny Jane " avec Jane Birkin
  " Les Filles électriques " avec Alain Souchon
- *Le Zénith des enfoirés* **1997**
  " Tandem " avec Francis Cabrel
  " Rockollection " avec Pow Wow, Les Innocents, Fredericks, Goldman & Jones...
- *Dernière édition avant l'an 2000* **1999**
  " Dis-lui toi que je t'aime " avec Étienne Daho

et Alain Lanty (titre que l'on retrouve sur le best of d'Étienne Daho, *Dans la peau de Daho* (Virgin, 2002)

FILMOGRAPHIE

- *Noce blanche* de Jean-Claude Brisseau **1989**
- *Elisa* de Jean Becker **1995**
- *Un Amour de sorcière* de René Manzor **1997**
- *Une Chance sur deux* de Patrice Leconte **1997**
- *La Fille sur le pont* de Patrice Leconte **1998**
- *Atomik Circus* des frères Poireaud **2004**
- *Mon Ange* de Serge Frydman **2004**

Participation à *Lost In La Mancha*, documentaire de Keith Fulton et Louis Pepe (Éditions Montparnasse)

MusicBook

Directeur de collection
Stéphane Chabenat

Suivi d'édition
Nathalie Riché

Secrétariat de rédaction
Laetitia Dermoncourt

Design couverture et maquette intérieure
Philippe Marchand/Olo

Maquette couverture
Isabelle Gelbwachs

Fabrication
Jean Dufour
Michel Geoffroy

GROUPE EXPRESS éditions

14, boulevard Poissonnière, 75308 Paris Cedex 09
Dépôt légal : mai 2005

Imprimerie Darantiere : n° d'impression : 25-0558

ISBN : 2-8434-274-X

Imprimé en France